GUARDA TU
ALMA

Recursos de John Ortberg

Cuando el juego termina todo regresa a la caja

*Dios está más cerca de lo que crees: si Dios está siempre
con nosotros, por qué es tan difícil encontrarlo*

El ser que quiero ser

La fe y la duda

*La misión fantasma: una tentación desafortunada
para el líder moderno*

*La vida que siempre has querido: disciplinas espirituales
para personas comunes*

*¿Quién es este hombre?: el impacto impredecible
del Jesús ineludible*

Si quiere caminar sobre las aguas, tienes que salir de la barca

Todos somos normales hasta que nos conocen

*Vivamos divinamente la vida: encontrando el descomunal
amor de la vida común*

GUARDA TU

ALMA

C U I D A N D O *la* P A R T E *más* I M P O R T A N T E

de T I

J O H N O R T B E R G

GUARDA TU ALMA
Edición en español publicada por
Editorial Vida – 2014
Miami, Florida
Edición revisada

© 2014 por John Ortberg

Este título también está disponible en formato electrónico.

Originally published in the U.S.A. under the title:
    Soul Keeping
    Copyright ©2012 by John Ortberg
Published by permission of Zondervan, Grand Rapids, Michigan 49530

Editora en jefe: *Graciela Lelli*
Traducción: *Dr. Miguel A. Mesías*
Edición: *Madeline Díaz*
Diseño interior: *Grupo Nivel Uno, Inc.*

ISBN: 978-0-8297-6654-7

CATEGORÍA: RELIGIÓN / Vida cristiana / Crecimiento Espiritual

IMPRESO EN ESTADOS UNIDOS DE AMÉRICA
PRINTED IN UNITED STATES OF AMERICA

14 15 16 17 RRD 6 5 4 3 2 1

A Dallas Albert Willard

(1935–2013)

*Un ser espiritual imperecedero con un destino
eterno en el gran universo de Dios.*

«A partir de entonces hubo gigantes en la tierra...».

CONTENIDO

PREFACIO

DEL DR. HENRY CLOUD

Mientras John Ortberg habla del «alma», recuerdo un momento como si fuera ayer. Yo era director clínico de un hospital psiquiátrico cristiano y nos hallábamos en un encuentro semanal al que le llamábamos «reunión del personal». Era la ocasión, cada miércoles, en que médicos, enfermeras psicólogas, terapeutas, terapeutas de arte y música, así como terapeutas de grupo, nos reuníamos para examinar el tratamiento de cada paciente. Hablábamos de lo que estaba sucediendo en los grupos y su terapia individual, su progreso y nuestros planes de acción para ayudar.

Me encantaba esa ocasión cada semana. Era un tiempo rico al ver a un grupo de profesionales dedicados reuniéndose para verdaderamente interesarse, conversar y planear el bien de las personas a las que estábamos tratando de ayudar. Celebrábamos los éxitos, los avances de cada paciente y cosas parecidas, y agonizábamos por sus dificultades y reveses. Era uno de los mejores ejemplos de amor en comunidad que jamás he visto... personas combinando sus talentos para servir a otros.

«¡Sara lo logró! Anoche en el grupo familiar finalmente le dijo a su madre que no iba a aceptar el trabajo que ella la había estado presionando para que aceptara, sino que se trazaría su propio camino. Fue asombroso», informó una enfermera. Todos aplaudimos al disfrutar del fruto del arduo trabajo de Sara.

«Alex está teniendo mucha dificultad esta semana. Se enteró de que su tío que lo había estado ayudando se va a mudar, y tiene miedo de lo que va a hacer sin él. Siente temor de volver a las drogas y a sus viejos amigos», informó su terapeuta.

«Susana está preparándose para recibir el alta. Ha progresado muy bien y se encuentra lista para regresar a sus estudios superiores, la energía ha vuelto y se halla estable. Pienso que todo está en su lugar... La depresión ha desaparecido, y no se ha dado ningún atracón ni se ha purgado en absoluto», dijo la psicóloga de Susana. Todos nos alegramos por ella.

Entonces sucedió lo que siempre recordaré.

Llegó el momento de hablar de Maddie, y puedo asegurar que el semblante de todos cambió. «Decayó» sería una mejor palabra. ¿Por qué? Maddie era una persona muy difícil de tratar. Había desarrollado una actitud demoledora hacia su entorno, aun cuando parecía estar interactuando con otros. Al parecer, siempre había algo que andaba mal en los demás, en el mundo que la rodeaba, incluso en nosotros que estábamos tratando de ayudarla. Su esposo conocía demasiado bien eso de ser el que siempre estaba «equivocado».

Todos nos volvimos hacia Graham, su psicólogo, y le preguntamos cómo le estaba yendo a Maddie. Fue en ese momento que él dijo lo siguiente:

«Pues bien... parece que Maddie todavía no muestra ningún interés en tener una vida interior».

Nunca lo olvidaré. Ese enunciado lo decía todo: Maddie no mostraba ningún interés en considerar su mundo interno. Sus actitudes, sus sentimientos heridos, sus puntos fuertes, sus patrones de pensamiento y conducta, su falta de confianza y disposición a correr riesgos, su vida espiritual, y tal vez más que todo, su evasión a fin de no abrazar su sufrimiento real y encontrar el valor para resolverlo.

Como resultado, todos expresamos la misma falta de esperanza con respecto a Maddie, por lo menos a esas alturas. Siempre y cuando ella no abrazara su «vida interior», todos sabíamos que su «vida» no iba a cambiar gran cosa. Mientras que con otras personas nuestra tarea era ayudar a proveer sendas, destrezas y recursos para que los abrazaran y desarrollaran su mundo interior e interpersonal, con Maddie nuestra labor consistía en lograr que ella viera que lo tenía. Existe en realidad una «vida» dentro de ella que da lugar a la vida externa de la que se queja todos los días. Esa era nuestra tarea... lograr que Maddie viera, abrazara y desarrollara su vida interna; su vida *real*.

John Ortberg hace eso para nosotros en este libro. Al leer estas páginas no pude dejar de reflexionar sobre ese día en el hospital. Las palabras de Graham: «Maddie no muestra ningún interés en tener una vida interior», demasiado a menudo pudieran aplicarse a mí mismo, a otros con los que trabajo, y en gran medida a casi todos los que conozco... por lo menos en varios momentos. Aunque tal vez no experimentemos un problema «clínico», como depresión o bulimia, todos tenemos cuestiones en la vida que emanan de nuestras almas, de partes del alma que se han ignorado. Esa es la condición humana. Ignoramos nuestra vida interna y como resultado no tenemos la vida «externa» que deseamos, relacional o funcionalmente. Nos perdemos y necesitamos ayuda para que se nos exhorte a trabajar en la «vida» interna, la real... la que John llama nuestra «alma».

Él nos recuerda que tenemos una y, como Jesús dijo, que nuestra alma es nuestra vida real. Es de donde emana todo lo demás. Es la que Dios instiló en la humanidad cuando llegamos a ser «almas vivientes».

No obstante, John va mucho más allá de recordarnos que tenemos un alma. También celebra una «reunión de personal» llena de amor para todos nosotros. No solo señala que la Maddie en mí necesita cobrar interés en desarrollar esa vida interior, sino también me brinda una ayuda real para bosquejar algunos aspectos en los cuales enfocarme durante la jornada. En este libro, él se convierte en lo que John es en su mejor punto... un guía espiritual.

Esta obra no solo te ayudará a darte cuenta de que tienes un alma, una vida interior, revelándote su importancia, sino además te ofrecerá algunas herramientas y puntos de apoyo a los que aferrarte mientras desarrollas esa vida. Te ayudará a cimentarte de nuevo, o incluso por primera vez, en Aquel que sopló vida en ti y desea todos los días que respires más y más vida en cada rincón de tu ser. Te recordará que tu alma, tu vida interior que resulta en lo que sucede por fuera, no es un estado temporal. No es un enfoque en tu «tiempo de quietud» o algo solo para tu peregrinaje espiritual, para el ámbito religioso por el momento. Como Jesús dijo, se trata de tu vida *real*, y no querrás perderla. Ni ahora ni en el futuro eterno.

John nos recuerda que aunque podemos estar viviendo en el cuerpo, o en el contexto de una profesión, familia, comunidad o servicio, hay un alma que integra toda nuestra persona —voluntad, mente y cuerpo— en un «ser espiritual imperecedero con un destino externo en el gran universo de Dios». Esa es la realidad culminante de quién eres, más allá de las circunstancias o el contexto de hoy. Es el eterno ahora que será tu eterno tú. Y eso se convierte en un llamado y una motivación para hacer lo que la Maddie en mí a veces no quiere hacer: cobrar interés en la vida interna... cobrar interés diligente y guardar esta vida que Dios ha instilado... esta alma.

Mientras leía, me sentí agradecido con John por brindarnos este recordatorio y esta guía. No sé tú, pero yo necesito cada cierto tiempo que alguien despierte a la «Maddie en mí» y me recuerde que debo cerciorarme de que estoy haciendo lo que el Creador de esta vida me dice que haga a fin de que la vida que él me dio se perfeccione cada vez más. Y necesito una guía que me proporcione algunos pasos. John ha hecho ambas cosas... despertarnos y guiarnos.

Así que, cobra interés en tu vida interna, y John te ofrecerá una guía muy útil.

EL CUIDADOR DEL ARROYO

Había una vez un pueblito, muy arriba en los Alpes, levantado a ambas orillas de un hermoso arroyo. El arroyo brotaba de manantiales que eran tan viejos como la tierra y tan profundos como el mar.

El agua era clara como el cristal. Los niños se reían y jugaban en sus orillas; los cisnes y gansos nadaban en él. Uno podía ver las piedras, la arena y las truchas nadando en el fondo del arroyo.

Muy alto en las montañas, muy lejos de la vista de cualquiera, vivía un viejo que servía como cuidador de los manantiales. Había sido contratado desde hacía tanto que nadie recordaba un tiempo cuando él no hubiera estado allí. Iba de un manantial a otro por las montañas, sacando las ramas u hojas caídas, o cualquier basura que pudiera contaminar el agua. Sin embargo, nadie veía su trabajo.

Un año el consejo municipal decidió que tenía mejores cosas que hacer con el dinero. Después de todo, nadie supervisaba al viejo. Tenían calles que reparar, impuestos que recaudar y servicios que ofrecer, así que destinar dinero para un limpiador invisible del arroyo se había convertido en un lujo que pensaban que no podían costear.

De modo que el viejo dejó su puesto. Muy arriba en las montañas los manantiales quedaron sin cuidado. Las ramas, los palos y otras cosas entorpecieron el flujo de líquido. El lodo y los sedimentos se compactaron en el lecho del arroyo; los desperdicios de las granjas convirtieron partes del arroyo en charcos estancados.

Por una temporada nadie en el pueblo lo notó. Sin embargo, después de un tiempo, el agua ya no era la misma. Empezó a verse turbia. Los cisnes se fueron a vivir a otras partes. El agua ya no tenía el aroma fresco que atraía a los niños a jugar en sus márgenes. Algunos del pueblo empezaron a enfermarse. Todos notaron la pérdida de la belleza cristalina que solía fluir entre las orillas del arroyo que pasaba por el pueblo. La vida del pueblo dependía del arroyo, y la vida del arroyo dependía del cuidador.

El consejo municipal se reunió de nuevo, buscó el dinero y volvió a emplear al viejo. Después de poco tiempo los manantiales quedaron limpios, el arroyo se tornó puro, los niños jugaron de nuevo en sus orillas, la enfermedad fue reemplazada por la salud, los cisnes regresaron y el pueblo volvió a la vida.

La vida de la aldea dependía de la salud del arroyo.

El arroyo es tu alma. Y tú eres el cuidador.

Nuestra alma es como un arroyo cuya agua le da fuerza, dirección y armonía a todos los demás aspectos de nuestra vida. Cuando ese arroyo es lo que debería ser, constantemente somos refrescados y exuberantes en todo lo que hacemos, porque nuestra alma está entonces profundamente enraizada en la vastedad de Dios y su reino, incluyendo la naturaleza; y ese arroyo aviva y dirige todo lo demás en nosotros. Por consiguiente, estamos en armonía con Dios, la realidad, y el resto de la naturaleza humana y la naturaleza en general.

—DALLAS WILLARD
EN *RENUEVA TU CORAZÓN*

TIERRA SANTA

Algunas veces el alma es cernida y forjada en sitios que uno jamás podría imaginarse y de maneras que uno jamás podría esperar. En mi caso esto ocurrió en un lugar llamado Box Canyon.

Box Canyon es un rincón rocoso, escondido entre el Valle Simi y el Valle San Fernando, al oeste de la ciudad de Los Ángeles. Allí se solían filmar películas de vaqueros y series de televisión sobre el oeste, como *El llanero solitario*. Se trata de una mezcolanza de edificaciones que van desde un castillo construido por un trabajador postal en la década de los cuarenta y una torre de agua convertida en vivienda, hasta una casa de dos pisos de madera contrachapada levantada sobre una letrina. Sus ocupantes tienden a no recibir bien a los funcionarios de urbanismo, a los cuales se ha sabido que les han disparado y reventado las llantas. Hay caminos de tierra que conducen a las casas resguardados por letreros que dicen: «Prohibido el paso», o una variante local: «Esta propiedad está protegida por la ley de la escopeta». Mansiones de como mil metros cuadrados se levantan junto a casuchas con coches y maquinarias agrícolas oxidados en sus patios. Es hogar para hippies, renegados y no conformistas, con el ocasional vendedor de drogas añadido por si fuera poco. En 1948, un divorciado de San Francisco que se hacía llamar Krishna Venta empezó una comuna denominada WKFL (por las siglas en inglés de sabiduría, conocimiento, fe y

amor) con este letrero: «El que entra aquí, entra en tierra santa».
Decía que tenía 244.000 años y afirmaba ser Jesucristo, pero murió
junto con otros nueve miembros cuando dos esposos celosos de las
atenciones con que galanteaba a sus esposas arrojaron una bomba
en la WKFL.

Box Canyon ha tenido otros dos residentes más o menos famosos: un dirigente de una secta y asesino en masa llamado Charles
Manson, y el otro un escritor e intelectual llamado Dallas Willard.
Tales son las posibilidades del alma humana. Dallas era profesor de
filosofía jubilado de la Universidad del Sur de California (USC).
Fui a su casa por primera vez una sofocante tarde de agosto, hace
más de dos décadas. Había leído un libro suyo que me conmovió
más que cualquier otra cosa que leyera. Yo era un pastor joven en
una iglesia pequeña en Simi Valley, California, y me sorprendió
enterarme de que Dallas vivía apenas a unos pocos kilómetros. Le
escribí contándole cuánto había significado para mí su libro, y para
mi sorpresa me contestó invitándome a que fuera a visitarlo.

Supongo que la verdad es que gran parte de la razón por la
que fui a verlo es que para mí él era (en mi mundo pequeño) una
celebridad, y pensaba que si podía estar con alguien importante, tal
vez algo de su importancia se me pegaría a mí también. Y quizás él
podía ayudarme a tener más éxito.

No sabía entonces lo que aprendería con el correr de muchos
años: que él era un sanador de almas. No sabía que su casa en
esa pintoresca quebrada era una especie de hospital espiritual.
Hace muchos años la gente solía hablar de los dirigentes espirituales como de personas a las que se les había confiado la «cura
de almas»; obtenemos palabras como *coadjutor* de esa expresión.
Dallas fue el primer curador de almas que conocí, aunque no fue
ese el título que le otorgó la USC. Yo pensaba que podía aprender
de Dallas algo en cuanto al alma, pero no sabía cuán hambrienta
y sedienta estaba la mía. Solo sabía que en los momentos cuando
Dallas dirigía su vista a la distancia como si estuviera viendo algo
que yo no podía ver y hablaba de lo bueno que es Dios, me hallaba
echándome a llorar.

...o, antes de mi primera visita, todo lo que sabía de ...señaba filosofía en la Universidad del Sur de Cali-... acerca de temas tales como las disciplinas espi-rituales. Me lo imaginaba como un episcopal de la costa oriental de la nación, fumando su pipa y bebiendo vino dulce, vistiendo chaquetas de casimir con coderas de gamuza.

Ni en sueños.

Hallé su domicilio: una casita con una cerca de madera blanca. Cuando la compró cincuenta años atrás, daba a un lago que después se secó por completo. Ahora ofrece una excelente vista de la contaminación atmosférica del Valle San Fernando.

Adentro, los muebles eran escasos, viejos y baratos. La casa, como la cabeza de Dallas, estaba mayormente repleta de libros. Había un aparato de aire acondicionado en la ventana de la sala, instalado cuarenta años atrás, que tronaba como el motor de un jet, así que uno tenía que gritar para conversar cuando se encendía, que no era muy a menudo. Decir que Dallas y su esposa, Jane, no eran materialistas, sería como afirmar que el papa no sale mucho con jovencitas. Dallas me contó de un albañil que solía reunirse con él para hablar de cuestiones del alma. (La imagen de un curtido trabajador del hormigón teniendo largas charlas sobre Dios y el alma con un filósofo erudito es relevante.) La primera vez que vio la casa de Dallas, fue a su hogar y le dijo a su esposa: «Cariño, por fin conocí a alguien con muebles peores que los nuestros». Pienso que Dallas lo tomó como un elogio.

Estaba nervioso cuando llamé a la puerta, pero Dallas era una persona junto a la cual resultaba difícil sentirse así por mucho tiempo. «Hola, hermano John», dijo, y de alguna manera me sentí de inmediato aceptado en un pequeño círculo de pertenencia. Me invitó a pasar, me ofreció un vaso de té helado, y luego se sentó en su silla favorita frente a un viejo sofá.

Dallas era más alto de lo que había imaginado, pues no sabía que había jugado como delantero en el equipo de baloncesto de la universidad. Tenía el pelo ondulado y de color gris acerado, lle-vaba anteojos, y su ropa sugería que mucho tiempo atrás se había apropiado de la sugerencia de Jesús: «No se preocupen por cómo se vestirán». Cuando Dallas conoció a Jane, su futura esposa, en una universidad religiosa pequeña llamada Tennessee Temple, ella notó que él no llevaba calcetines, dando por sentado que se debía a que era un rebelde; no sabía que en realidad no podía costearlos.

Su apariencia no tenía nada de llamativa excepto por dos cosas. Su voz mostraba un leve indicio de la precisión británica que todos los filósofos parecen adquirir, pero también llevaba el acento de las montañas de Missouri. En la escala del pensador-sentidor, Dallas era casi un pensador puro, pero había ocasiones en que al hablar u orar, su voz tenía una nota trémula que sugería un corazón que casi estallaba debido a alguna maravilla invisible.

La otra característica notable de su cuerpo era su calma. Alguien dijo acerca de él una vez: «Me gustaría vivir en su huso horario». Supongo que si la casa estuviera incendiándose, él se habría apurado para salir, pero su cara y los movimientos de su cuerpo parecían indicar que no tenía ningún otro sitio a dónde ir, ni nada en particular de qué preocuparse.

> *La prisa es la gran enemiga de nuestra vida espiritual en nuestros días. Debes eliminar implacablemente la prisa de tu vida.*
> **DALLAS WILLARD**

Muchos años después me había mudado a Chicago. Al atravesar una temporada muy atareada del ministerio, llamé a Dallas para preguntarle lo que debía hacer a fin de mantenerme saludable espiritualmente. Me lo imaginaba sentado en esa habitación mientras hablábamos. Hubo una pausa muy larga —con Dallas casi siempre había una larga pausa— y entonces dijo con lentitud: «Debes eliminar implacablemente la prisa de tu vida». Lo anoté al instante. La mayoría de las personas toman notas con Dallas; he visto incluso a su esposa tomando notas, lo cual mi esposa rara vez hace al hablar conmigo.

«Está bien, Dallas», respondí. «Ya lo tengo. Ahora, ¿qué otro tesoro espiritual tienes para mí? No tengo mucho tiempo, y quiero obtener de ti toda la sabiduría espiritual que pueda».

«No hay nada más», añadió, actuando con generosidad como si no hubiera notado mi impaciencia. «La prisa es la gran enemiga de nuestra vida espiritual en nuestros días. Debes eliminar implacablemente la prisa de tu vida».

Mientras bebía a sorbos mi té helado durante esa primera reunión, Dallas me preguntó sobre mi familia y trabajo. El teléfono timbró —esto ocurrió antes de los celulares y las máquinas contestadoras— y él no lo respondió. Ni siquiera pareció que quisiera hacerlo. Simplemente siguió hablando conmigo como si el teléfono no estuviera timbrando y en realidad quisiera conversar conmigo más que contestar la llamada, aunque pudiera ser alguien importante. Tenía la sensación extraña (he hablado con muchos otros desde entonces que han notado lo mismo) de que los latidos de mi propio corazón se reducían para igualarse a los del suyo.

La casa se correspondía con él. Dallas creció durante la Gran Depresión en una parte rural de Missouri donde no hubo electricidad hasta que él cumplió los dieciocho años. Cuando tenía dos años de edad, su madre murió. Sus palabras finales a su esposo fueron: «Mantén la eternidad ante los hijos». Como un niño de dos años, Dallas trató de meterse dentro del ataúd para permanecer junto al cuerpo de su madre. Puesto que no había dinero suficiente para mantener a la familia reunida, Dallas vivió con un pariente tras otro hasta que se graduó de la secundaria. A pesar de estas circunstancias, fue elegido presidente de su clase en el último año de entre todos los once alumnos.

Empecé a hacerle las preguntas que pensaba eran la razón por la que había ido: ¿cómo es que las personas cambian; qué es lo que dificulta tanto el cambio; qué significa exactamente decir que los seres humanos tienen alma y por qué las almas importan? ¿Por qué es que dirijo una iglesia llena de personas que creen lo correcto sobre Dios, e incluso leen la Biblia y oran, pero que en realidad no parecen cambiar gran cosa? ¿Por qué parece que yo no cambio gran cosa?

Dallas empezó a hablar, y mientras lo hacía no pude evitar pensar que era el hombre más talentoso que había conocido. Muchos años más tarde, cuando él estaba muy enfermo, Nancy y yo pasaríamos un día empacando algunos de sus libros en un garaje cerca de su casa. Su biblioteca principal estaba en su hogar; su biblioteca secundaria se encontraba en otra casa justo al lado, la cual él y Jane habían comprado muchos años atrás para almacenar el exceso de libros; su tercera biblioteca se hallaba en la USC. Empacamos más de cien cajas de libros de su cuarta biblioteca, en esa cochera: libros en latín, alemán y griego; libros procedentes de las mentes más brillantes del mundo y predicadores de remotas zonas rurales. A veces digo en son de broma que nunca me enfrascaba en un debate con Dallas, ya que temía que demostrara que yo no existo.

No obstante, Dallas nunca me hizo sentir tonto. Al hablar con él, apenas me daba cuenta de cuánto quería sorprenderlo con lo listo que era y de que aunque quisiera no podía apagar ese pequeño interruptor de «impresionarlo» que se hallaba en mi mente. Alguien dijo que si eres la persona más ingeniosa en el salón, estás en el salón errado.

Con todo, algo acerca de Dallas era tan seguro que me hallé haciéndole confesiones no solicitadas. «Ni siquiera puedo hablar sin tratar de sonar impresionante». Quería impresionarlo, sin embargo, al mismo tiempo, me avergonzaba de ese deseo y sabía que la vida sería mejor sin tal pretensión, y que de alguna manera este era un tipo listo cuya identidad no consistía en su cociente de inteligencia.

Casi al terminar una de sus clases de filosofía, un estudiante presentó una objeción que era a la vez insultante hacia Dallas y claramente errada. En lugar de corregirlo, Dallas con gentileza le dijo que ese sería un buen punto para terminar la clase del día. Más tarde, un amigo se acercó a Dallas y le preguntó: «¿Por qué lo dejaste que se saliera con la suya? ¿Por qué no lo hiciste polvo?». Dallas respondió: «Estaba practicando la disciplina de no precisar tener la última palabra».

Así que Dallas dijo en respuesta a mi confesión: «Sí». «Tener razón en realidad es una carga muy pesada para llevarla con gracia y humildad. Por eso nadie quiere sentarse junto al compañero de clase que siempre tiene la razón. Una de las cosas más difíciles del mundo es tener razón y no lastimar a los demás con eso».

¿Qué?

Con el correr de los años, esa es la pregunta que con mayor frecuencia le hice a Dallas. «¿Qué?». A veces hablábamos juntos en público, y mi principal tarea era hacerle en nombre de otros las mismas preguntas que yo le había hecho cuando estábamos solo los dos conversando.

«El infierno es simplemente lo mejor que Dios puede hacer por algunas personas».

¿Qué?

«Estoy muy seguro de que Dios dejará entrar al cielo a todo el que pueda posiblemente aguantarlo».

¿Qué?

«Tú destino eterno no es una jubilación cósmica; es ser parte de un proyecto tremendamente creativo, bajo un liderazgo inimaginablemente espléndido, a una escala inconcebiblemente vasta, con ciclos siempre crecientes de fruto y disfrute; esa es la visión profética que "ningún ojo ha visto, ningún oído ha escuchado"».

¿Qué?

De Dallas brotaban frases que simplemente no podrían surgir de nadie más, y luego él las dejaba en tu cerebro como pequeñas bombas de tiempo, con las que uno tendría que lidiar cuando estallaran.

Me hallé pasando de las preguntas corteses acerca de la iglesia y algunas ideas a lo personal. Esa casita en Box Canyon empezó a dejar de ser un aula para convertirse en un confesionario: ¿por qué me es tan difícil amar a las personas reales en mi iglesia? ¿Por qué sé que quiero amar a mis hijos, pero parezco estar impulsado a lograr el éxito, especialmente en una vocación que se supone llama a las personas a morir a su necesidad de ser exitosas? ¿Por qué me dan envidia otros pastores que tienen más éxito que yo? ¿Por qué nunca estoy satisfecho? ¿Por qué siento una soledad profunda, secreta? ¿Por qué tengo un doctorado en psicología clínica y una maestría en Biblia, trabajo como pastor, y sin embargo no estoy seguro de quién soy?

«Lo más importante en tu vida», dijo Dallas, «no es lo que haces; es quién llegas a ser. Eso es lo que te llevará a la eternidad. Eres un ser espiritual imperecedero con un destino eterno en el gran universo de Dios».

¿Qué?

> Lo más importante en tu vida no es lo que haces; es quién llegas a ser. Eso es lo que te llevará a la eternidad.
>
> **DALLAS WILLARD**

«Eres un ser espiritual imperecedero con un destino eterno en el gran universo de Dios. Eso es lo más importante que debes saber acerca de ti mismo. Debes ponerlo por escrito. Debes repetirlo regularmente. Hermano John, tú piensas que tienes que estar en algún otro lugar o lograr algo más para hallar la paz. No obstante, está aquí mismo. Dios no tiene que bendecir a nadie excepto en donde esa persona en realidad está. Tu alma no es simplemente algo que sigue vivo después que tu cuerpo muere. Es lo más importante de ti. Es tu vida».

Pausa larga.

Cuando pensaba en cómo marchaba mi vida, siempre consideraba mi mundo externo. Este es el mundo de la reputación y la apariencia. Consiste en cuánto tengo y lo que la gente piensa. Es visible y obvio. En mi mundo externo resulta fácil llevar la cuenta. Siempre había pensado que mejorar las circunstancias de nuestro mundo externo es lo que nos hace sentir contentos por dentro.

Sin embargo, esta fue una invitación a otro mundo, lo que Gordon MacDonald llamaría un «mundo privado». Resulta invisible, desconocido, escondido. No recibirá ningún aplauso. Puede ser caótico, oscuro y desordenado, y nadie lo sabría. En esta casa perteneciente a Dallas fue donde yo iría a aprender sobre ese mundo secreto.

Era una casa humilde, sofocante en el calor con un vetusto acondicionador de aire, atiborrada de libros y papeles y unos pocos muebles viejos. El letrero era invisible, y pasarían años antes de que pudiera leerlo: «El que entra aquí, entra en tierra santa». La sabiduría, el conocimiento, la fe y el amor tenían un hogar en Box Canyon después de todo.

Dallas escribió una vez acerca de un niño muy pequeño que se fue de puntillas al dormitorio de su padre para dormir. En la oscuridad, saber que su padre estaba presente fue suficiente para eliminar su sentido de soledad. «¿Está tu rostro dirigido hacia mí, padre?», preguntó. «Sí», respondió su padre, «mi rostro está en dirección a ti». Solo entonces el niño pudo irse a dormir.

Con el correr de los años busqué la sabiduría de Dallas para que me ayudara a entender al alma humana, y en este libro relato lo que he aprendido. Sin embargo, yo no quería simplemente conocer a *algún* alma. Quería saber que *mi* alma no está sola. Quería saber que un rostro está dirigido hacia ella.

Ese es el peregrinaje que haremos juntos.

PARTE I

LO QUE
EL ALMA ES

CAPÍTULO 1

EL ALMA QUE NADIE CONOCE

Una de las palabras más importantes de la Biblia es *alma*. La pronunciamos con frecuencia, pero si alguien te pidiera que explicaras exactamente qué significa la palabra *alma*, ¿qué dirías?

- *¿Por qué debo prestarle atención a mi alma?*
- *¿Acaso la ciencia no ha demostrado que no existe?*
- *¿No es el alma el campo de investigación de los que visten túnicas y toman té de hierbas?*
- *¿No ignora la fraseología anticuada de «salvar almas» las preocupaciones por la justicia holística?*
- *¿Acaso no implica dedicarse a la autocontemplación? ¿Tendré que ir al Gran Sur o mirar a los ojos a algún extraño? ¿Tendré que llevar un diario?*

La creencia en el alma es ubicua: «La mayoría de las personas, la mayor parte del tiempo, en la mayoría de los lugares, en la mayoría de las épocas, han creído que los seres humanos tienen algún tipo de alma». Sabemos que importa. Sospechamos que es importante. Sin embargo, no estamos seguros de lo que significa.

Esta es la palabra que no va a desaparecer, aun cuando se use cada vez menos.

Desde el nacimiento hasta nuestro último reposo («Que Dios se apiade de su alma»), el alma es nuestra primera compañera y nuestra preocupación final. La palabra es etérea, misteriosa y profunda. Y hasta asusta un poco («El Día de los fieles difuntos» viene dos días después del «Día de las Brujas» y siempre me ha hecho evocar a espíritus desencarnados flotando en el aire en una mansión embrujada de Disneylandia).

¿Cuántos de nuestros hijos han aprendido esta oración? ¿Cuántos de *ustedes* la repitieron al irse a la cama?

Ahora que me acuesto a dormir,
Le pido al Señor que mi alma guarde.
Si muero antes de despertar,
Le pido al Señor que mi alma lleve.

¿Solamente yo lo pienso o son esas palabras aterradoras para enseñárselas a un niño de siete años con el objetivo de que las repita solo en la oscuridad? Pienso que no se trata solo de mí: «Esa [oración] así, *así*, no sirvió para mí», escribió Anne Lamott. «No andes llevándote mi alma. Déjala justo aquí, en mi cuerpo de veinte kilos».

¿Qué quiere decir pedirle a Dios «que mi alma guarde»? Si expiro antes del amanecer y él se lleva mi alma, ¿qué es exactamente lo que se está llevando?

¿CUÁNTO PESA UN ALMA?

Jeffrey Boyd es una especie de Don Quijote del alma. Él es psiquiatra de Yale, ministro ordenado y coautor de *Diagnostic and Statistical Manual of Mental Disorders* [Manual de diagnóstico y estadística de enfermedades mentales], una obra en la cual buscarás en vano una sola referencia al «alma». Incluye, eso sí, algo llamado «trastorno de despersonalización», un sentimiento de enajenamiento de uno mismo. Sin embargo, Boyd también escribe libros y artículos tratando de reinsertar la palabra *alma* en nuestro vocabulario científico.

En un estudio que incluyó a cientos de personas que asisten a la iglesia, Boyd halló que la mayoría de las personas cree que sabe lo que quiere decir *alma*, pero cuando se le pide que la expliquen, no pueden hacerlo. El alma resulta ser como la descripción de obscenidad que dio Potter Stewart, el juez asociado de la Corte Suprema: «Puede ser difícil definirla, pero la reconozco cuando la veo». Casi la mitad de los que asisten a la iglesia adoptan lo que Boyd llama la Teoría Looney Tunes del alma:

> Si el Pato Lucas explotara con dinamita, entonces habría una imagen transparente suya que saldría flotando del cadáver. La imagen translúcida tendría alas y llevaría un arpa. Desde el aire, esta aparición le hablaría al Conejo de la Suerte, quien hizo estallar la dinamita.

Suena divertido hablar de caricaturas cuando se trata del alma, pero como Aristóteles dijo: «El alma nunca piensa sin una imagen».

Al alma no se le puede poner bajo un microscopio o estudiar con rayos X. Hace como cien años un médico midió la leve pérdida de peso en seis víctimas de tuberculosis al momento de la muerte, lo que lo llevó a afirmar que el alma pesa veintiún gramos. Su idea más tarde dio lugar al título de una película con Sean Penn y Robin Wright, pero la misma nunca se ha duplicado y ha sido ridiculizada ampliamente en la comunidad médica. Algunos están convencidos de que el vocabulario del alma debe desaparecer.

Un filósofo llamado Owen Flanagan afirma que en la ciencia no hay lugar para la noción del alma: «Desalmar es la operación primaria de la imagen científica».

Sin embargo, Boyd argumenta que vemos personas que tienen una fortaleza del alma que simplemente no se degrada por la humillación que su cuerpo las lleva a atravesar. Escribe acerca de una mujer llamada Patricia que sufrió los efectos de la diabetes, un ataque cardíaco y dos embolias; quedó ciega, le fallaron los riñones (lo que requirió diálisis) y tuvieron que amputarle ambas piernas; todo mientras se hallaba apenas en sus treinta. La internaron en un asilo, excepto por aquellas varias ocasiones en el año cuando tuvo que ser hospitalizada, cayendo con frecuencia en coma por una o dos semanas durante esas estadías.

> *La grandeza del alma está disponible para los que no tienen el lujo de ponerse eufóricos por la condición y la apariencia de sus cuerpos.*

Patricia pertenecía a una iglesia en Washington, D.C., la cual quería organizar un refugio para indigentes. No pudieron hallar a nadie con habilidades de liderazgo para organizarlo, así que ella se ofreció como voluntaria. Entre sesiones de diálisis, amputaciones y comas, organizó el equipo y consiguió los cambios de zonificación, la ayuda arquitectónica y la recolección de los fondos. Luego ayudó al equipo a establecer las reglas para los indigentes que usarían el refugio, y buscó y capacitó al personal que lo administraba.

Cuando Pat murió después del primer año exitoso de operación del refugio, los indigentes se pararon en su funeral junto a miembros del gabinete de Estados Unidos, tales como el secretario de estado James Baker.

El alma conoce una gloria que el cuerpo no puede arrebatarle. De algunas maneras, en ciertos casos, mientras más se rebela el cuerpo, más resplandece el alma. Las personas pueden afirmar que piensan que tu cuerpo es todo lo que eres. Sin embargo, Pat dijo una vez: «Para lo único que puedo contar con mi cuerpo es para que me falle. De alguna manera mi cuerpo es mío, pero no es "yo"».

La grandeza del alma está disponible para los que no tienen el lujo de ponerse eufóricos por la condición y la apariencia de sus cuerpos.

LO ALTO Y LO BAJO DEL ALMA

Al parecer no podemos hablar de belleza o arte sin hablar del alma, particularmente en la música. Aretha Franklin es la reina de la música soul. Es posible que si tu alma no se conmueve con Ray Charles, Otis Redding, Little Richard, Fats Domino o James Brown, a lo mejor querrás verificar para asegurarte de que tienes una. Kid Rock compuso «Alma rebelde». Un aspirante a cantante pop de dieciséis años, llamado Jewel, viajó haciendo autoestop hasta México, donde contempló a personas desesperadas buscando ayuda y compuso lo que llegaría a ser su canto de iniciación: «¿Quién salvará tu alma?».

Necesitamos la palabra cuando hablamos no solo de lo más alto, sino también de las partes más bajas de la existencia humana. Hace más de cien años, W. E. B. Du Bois tituló su libro sobre la humanidad oprimida de una raza *The Souls of Black Folk* [Las almas de los negros]. Ninguna otra palabra lograría captar su idea. *La esencia de los negros* no conlleva la misma dignidad. «La comida del alma» (*soul food*) sería el nombre que se le dio a la comida del sur de Estados Unidos de América, que empezó con los esclavos que habían sobrevivido de las pocas sobras que se les daba. «Poder del alma» llegó a ser el nombre para un sentido de dignidad y valía en un pueblo que había sido forzado a vivir sin ninguna de las dos cosas. «Hermano del alma» refleja el vínculo que liga a los perseguidos debido al color de su piel.

¿Necesita el alma sufrimiento para darse a conocer?

Hablamos de que las entidades grandes tienen alma. Durante toda elección, los políticos y supuestos expertos nos advierten que el alma de Estados Unidos de América está en juego. William Pollard, gerente en jefe de la empresa ServiceMaster, escribió un libro sobre liderazgo titulado *The Soul of the Firm* [El alma de la firma]. (¿Puede una compañía de limpieza tener alma?) A Derek Jeter, torpedero y capitán del equipo, se le ha dado el título de «el alma de los Yanquis». El mariscal de campo Tom Brady consideraba al recibidor Wes Walker el «alma» de los Patriots de Nueva Inglaterra. Estas pueden ser metáforas, pero apuntan a la noción del alma como aquello que mantiene unida a una entidad mayor.

¿Por qué los Cachorros de Chicago nunca se consiguen un alma?

ALMA EN VENTA

Hablamos del alma como fuente de fortaleza, sin embargo, nos referimos a ella como frágil. Algo en cuanto al alma parece que siempre está en riesgo. Un alma es una cosa que se puede perder o vender. Sobre el tema de la venta del alma se han hecho incontables óperas, libros y letras de música country, así como también una película titulada *Al diablo con el diablo* y una comedia musical con el nombre *Damn Yankees* [Yanquis condenados]. Jonathon Moulton, brigadier general de Nueva Hampshire en el siglo dieciocho, le vendió su alma al diablo (de acuerdo a la leyenda) para que le llenara sus botas de monedas de oro cada mes cuando las colgaba junto a su chimenea. En la serie de televisión *Los Simpson*, Homero vende su alma por una rosquilla y luego impulsivamente se la come casi toda excepto por un bocado, el cual guarda en el refrigerador con las instrucciones: «Rosquilla del alma. No comérsela».

Periódicamente, alguien trata de vender su alma en eBay. Hace poco una mujer llamada Lori N. ofreció la suya por dos mil dólares después que un accidente de tráfico la dejó en apuros monetarios. Sin embargo, nadie le hizo ninguna oferta. Resulta que eBay tiene una política sobre «no ventas de almas» que les permite mantenerse neutrales en cuanto a la existencia del alma: si las almas no existen, eBay no permite la venta de artículos no existentes; si las almas en verdad existen, ellos no permiten que las personas se vendan una parte a la vez. El problema real, dicen, es que si uno vende algo en eBay tiene que estar en posición de entregar lo que ofrece. Si pudieras vender un alma por medio de alguien, probablemente sería Ikea, pues los suecos venden casi de todo, pero entonces tendrías que llevarla a casa y ensamblarla tú mismo siguiendo instrucciones, lo que no tiene ningún sentido.

Las almas siguen saliendo a relucir en nuestras historias más queridas. Harry Potter es un mago adolescente con un destino escogido para derrocar al mago oscuro del mal, Voldemort, que asesinó a sus padres. Harry manifiesta profundas conexiones del alma con el Señor Tenebroso. Se descubre que el más grande pecado, el asesinato, destroza el alma; un daño que solo el remordimiento sincero puede curar. El beso de Dementor es un destino peor que la muerte: que una criatura sin alma le quite la propia alma a uno. Vivir sin alma es peor que no vivir. «¿No tienes alma?» es realmente otra manera de decir: «¿Es posible que tu mente con sus valores y conciencia ni siquiera se atormente por lo que tu voluntad ha escogido y tu cuerpo ha llevado a cabo?».

¿Tiene alma un feto? Todo un debate en cuanto al aborto ruge en torno a esto. ¿Aparece la vida en la concepción? ¿Es allí cuando un ser se convierte en humano? Platón creía que las almas se reencarnaban según cuán elevadas fueran la vez pasada: las almas sabias volvían como buscadoras de belleza, reyes o entrenadores atléticos, en tanto que los cobardes volvían como mujeres, y los borrachos tal vez lo harían como burros. Agustín señaló que quizás las almas preexistieron en alguna parte y luego se introdujeron en determinados cuerpos por cuenta propia, como cuando la gente selecciona un buen coche.

No estamos seguros de qué es el alma, pero la palabra vende. Los publicistas hablan de que los automóviles están llenos del alma; Kia en realidad fabrica un automóvil llamado el Kia Alma. ¿Es para personas que quieren pasar de la transportación a la transmigración? También se puede hallar el Diva Alma (para la «mujer preocupada por el estilo que considera su coche tan importante como todo su atuendo»); el Quemador de almas (el «chico malo» del concepto de alma); y el Buscador del alma (para el conductor que se concentra en «alcanzar la paz personal y ofrecerles un recinto lleno de calma a los ocupantes»).

Tal vez ese es mi problema: cuando yo era niño, teníamos un Rambler.

La palabra *alma* no va a desaparecer, porque de alguna manera habla de la eternidad:

> Ahora bien, hay algunas cosas que todos conocemos, pero no las sacamos a relucir ni las consideramos muy a menudo. Todos sabemos que *algo* es eterno. Y no son las casas, ni son los

nombres, ni lo es la tierra, y ni siquiera las estrellas [...] todos saben en lo más profundo de sí que *algo* es eterno, y ese algo tiene que ver con los seres humanos. Todos los grandes personajes que han vivido por siempre nos han estado diciendo eso por cinco mil años, y sin embargo todavía te sorprenderías por la forma en que la gente siempre lo ignora.

Una película titulada *El sexto sentido*, protagonizada por Bruce Willis, trata acerca de un muchachito que ha sido maldito con el don de ver a los muertos. Un giro gigantesco surge al fin de la película; no quiero arruinársela, pero Bruce Willis, para gran sorpresa de todos, resulta ser uno de los muertos. Una especie de imagen especular a la historia, y tal vez el más espeluznante de todos los diagnósticos psicológicos, es una enfermedad conocida como el «síndrome de Cotard».

Llamado así por el neurólogo francés que lo describió en la década de 1880, el síndrome de Cotard va desde afirmaciones de que faltan órganos centrales hasta la creencia de que uno ya está muerto. A veces se le llama el Síndrome del Cadáver Ambulante. Jules Cotard describió a una mujer llamada Mademoiselle X, que afirmaba que Dios ni su alma existían y que ella no era nada más que un cuerpo en descomposición. A la larga murió de inanición, lo que debe haber sido una gran sorpresa para ella. En una condición, un alma está muerta pero piensa que está viva; en la otra, el alma está viva pero cree que está muerta.

En una condición, un alma está muerta pero piensa que está viva; en la otra, el alma está viva pero cree que está muerta.

¿Están reservadas las almas para los seres humanos? Si una computadora pudiera pensar, ¿podría tener alma?

Clifford Nass, profesor de Stanford, escribió el libro *The Man Who Lied to His Laptop* [El hombre que le mintió a su computadora portátil]. Él ha hallado que los seres humanos tratan a las computadoras de la misma manera que tratan a las personas: nos halagan sus lisonjas; queremos agradarles;

e incluso les mentimos para no lastimar sus sentimientos. ¿Podría una computadora ser capaz de amar a una familia, disfrutar de una puesta del sol o crecer en humildad? ¿Qué tal en cuanto a las almas y la tecnología? Aristóteles dijo que un amigo es un alma en dos cuerpos. ¿Sería eso mismo cierto de alguien si uno lo clona?

UNA VENTANA A TU ALMA

Decimos que los ojos son las ventanas del alma. Los científicos dicen que los ojos pueden revelar nuestros pensamientos más íntimos. Por ejemplo, cuando las personas están haciendo un fuerte esfuerzo mental, sus pupilas se dilatan. Daniel Kahneman escribió acerca de unos investigadores que monitoreaban los ojos de individuos que trataban de resolver problemas de matemática difíciles. A veces sorprendían a los individuos preguntándoles:

—¿Por qué te diste por vencido justo en este momento?

—¿Cómo lo supo? —preguntaban los estudiantes tomados por sorpresa.

—Tenemos una ventana a tu alma.

El psicólogo Edmund Hess describe cómo las pupilas se agrandan cuando las personas observan cuadros hermosos de la naturaleza. Mientras cursaba mis estudios superiores, vi dos cuadros famosos de mujeres encantadoras. Eran idénticas, excepto que en un retrato las pupilas de la mujer estaban dilatadas, y ese cuadro siempre se juzgaba mucho más atractivo. La belladona, una medicina herbal que expande las pupilas, en realidad se vende como cosmético. Los jugadores profesionales de póquer a veces se ponen gafas ahumadas simplemente para impedir que sus pupilas delaten su entusiasmo.

El presidente George W. Bush decía que cuando miraba a los ojos al presidente ruso Vladimir Putin, podía captar algo de su alma. El senador John McCain más tarde indicó que cuando miró a Putin a los ojos, vio tres letras: «una K, una G, y una B» (referencia a la anterior agencia soviética de seguridad).

Mi primera salida con la mujer que llegaría a ser mi esposa no marchó bien. Ella en realidad se quedó dormida. Sin embargo, fueron los últimos diez minutos los que invirtieron las cosas, cuando hablamos el uno con el otro y (según ella me dijo más tarde) yo hice un gran contacto ocular. Me confesó que pensó que eso era sexy. ¿Puede un alma ser sexy?

No podemos hablar de nuestro trabajo sin hablar de nuestra alma, aunque a menudo parecen estar en oposición. Un movimiento de «trabajo con alma» sugiere que en tanto los cubículos y monitores nos hacen más eficientes, nuestras almas pierden algo cuando nos desconectamos de los ritmos del trabajo al aire libre o dejamos de hacer cosas con nuestras propias manos. La Internet está llena de listas de los diez o veinte empleos más abrumadores del alma en el mundo, tales como «empleos que te hacen sentir un chihuahua enjaulado embriagado y con TDAH». Tal vez debería haber un «Día de llevar el alma al trabajo».

Cuando hablamos de amor, hablamos del alma. Nadie busca el amor de su vida en un sitio llamado BodyMate.com. En su diálogo *El banquete*, Platón hace que Aristófanes presente la experiencia de las almas gemelas. Aristófanes dice que los seres humanos originalmente tenían cuatro brazos, cuatro piernas y una sola cabeza con dos caras, pero Zeus temía su poder y los dividió a todos por el medio, condenándolos a pasar sus vidas buscando la otra mitad que los completara. En la película *Jerry Maguire*, el personaje de Tom Cruise le expresa la idea inolvidablemente a Renée Zellweger: «Tú me completas». ¿Puede una persona en realidad completar a otra? ¿Tenemos todos un y solo un alma gemela en algún lugar del mundo?

Se supone que las iglesias saben acerca de las almas. A menudo entonamos un canto que se originó como un salmo: «Alaba, alma mía, al Señor». ¿Cómo puede tu alma alabar, o hacer feliz, al Señor? A veces hablamos de las almas como si fueran trofeos espirituales: a algunos individuos se les considera en alto grado como «ganadores de almas» o son especialmente aptos para ir tras las «almas perdidas». Los ojos se nos llenan de lágrimas por el evangelista que desea ganar «simplemente solo un alma más para Cristo». Billy Sandy, un evangelista de antaño, solía calcular cuánto le costaba salvar un alma: en Boston, en 1911, era 450 dólares. Las iglesias hacían el trabajo de forma más económica. Los congregacionalistas resultaron invirtiendo 70 dólares por alma. Los bautistas también 70 dólares, y los metodistas mostraron un costo impresionantemente bajo de 3,12 dólares... ¡lo que era barato inclusive según los estándares de 1911!

Se dice que la señal universal de peligro, SOS, representa las siglas de la frase «Salven nuestras almas» en el idioma inglés. ¿Qué quiere decir que un alma sea salvada?

«No merezco un alma, sin embargo, aun así tengo una», escribe Douglas Coupland. «Lo sé, porque duele».

¿Recuerdas a la mujer llamada Pat cuyo cuerpo traicionó a un alma gloriosa? Lo que Jeffrey Boyd no contó en ese relato en particular fue que Pat era su esposa. Al observar el cuerpo de ella desmoronarse, percibió algo mucho más profundo que un resplandor corporal. En otro lugar escribió: «Si un niño nace con las piernas tan secas que nunca tendrá la posibilidad de andar o gatear, ¿[está] el alma de ese niño limitada por estos desastres arquitectónicos de la espina dorsal, la pelvis y los fémures? Tuve un hijo que nació precisamente con estas deformidades. Se llamaba Justino. Ese hijo también murió».

> *Si un niño nace con las piernas tan secas que nunca tendrá la posibilidad de andar o gatear, ¿[está] el alma de ese niño limitada por estos desastres arquitectónicos de la espina dorsal, la pelvis y los fémures?*
> **JEFFREY BOYD**

Buscamos el alma porque somos curiosos. Sin embargo, no se trata simplemente de eso. La búsqueda del alma siempre empieza con nuestro mayor dolor.

Si muero antes de despertar, le pido al Señor que mi alma lleve...

¿Qué es el alma?

CAPÍTULO 2

¿QUÉ ES EL ALMA?

Fui a recoger a Dallas Willard durante un día típico de Chicago en febrero, cuando las calles estaban cubiertas de sal para tratar de derretir el hielo, pero la nieve caía tan fuerte que uno casi no podía ver el coche que tenía enfrente. Conducía mi antiguo Toyota Corolla, el cual tenía la alineación tan arruinada que cuando iba a más de sesenta y cinco kilómetros por hora, el coche se sacudía como si tuviera parálisis y tiraba hacia la izquierda. Debido a un accidente anterior, había que pasar el cinturón de seguridad del lado del pasajero por el apoyabrazos a fin de mantener cerrada la puerta.

«Disculpa el coche», dije, aunque pensé que Dallas ni siquiera lo notaría. Él tenía un poco más de canas desde la última vez que lo había visto. Me había mudado de California a Chicago hacía dos años atrás, pero él había convenido en hablar conmigo por teléfono cada mes. A la larga, vino a Chicago para hablar en nuestra iglesia.

Charlábamos mientras conducía muy lentamente para ir a almorzar. De vez en cuando Dallas de manera distraída empezaba a entonar un himno, tal como «Roca de la eternidad» o «Me apoyo en los brazos eternos», y yo me le unía. Él solía dirigir la música así como también predicar en las iglesias bautistas pequeñas de las montañas de Missouri en las que sirvió.

Nos estacionamos en un restaurante mexicano y nos sentamos a una mesa. No habiéndole visto por un tiempo, recordé de nuevo lo cómodo que él se sentía consigo mismo. Era la misma persona, ya fuera que estuviera hablando con un ayudante de portero o un dirigente famoso. Cuando Dallas terminaba de predicar en alguna conferencia, las personas hacían fila para hablar con él, y siempre las atendía. No se trataba simplemente de que no se apurara en medio de esas conversaciones; parecía de un modo genuino no tener nunca prisa. La clara impresión que recibí no fue que Dallas se esforzara arduamente por ser paciente. Era solo como si la impaciencia y el afán no estuvieran en su cuerpo. Disfrutaba de una vida interna que parecía estar en paz con la vida que todos los demás veían.

Y yo deseaba conocer esa clase de vida interna.

ESTO DIMINUTO, FRÁGIL, VULNERABLE Y PRECIOSO DE TI

Todos tenemos una vida externa y una interna. Mi yo externo es mi persona pública, visible. Mis logros, mi trabajo y mi reputación forman parte de ella. Mi mundo externo había cambiado mucho desde la última vez que había visto a Dallas. Me encontraba trabajando en una iglesia que, en el mundo pequeño de mi profesión, era grande y visible. Había más personas trabajando como empleados en esta iglesia que feligreses en la congregación en la que había servido previamente. De repente, la gente buscaba más mi opinión y daba por sentado que resultaba más listo de lo que era, invitándome a hablar en sus reuniones. Mi mundo externo ahora era más grande, agitado y complejo de lo que nunca antes lo había sido.

Sin embargo, mi mundo interno no había crecido nada. Mi vida interna es donde se encuentran mis pensamientos secretos, esperanzas y deseos. Debido a que mi vida interna es invisible, resulta fácil descuidarla. Nadie tiene acceso directo a ella, así que no se gana ningún aplauso. Abraham Lincoln fue un abogado brillante, pero notoriamente desorganizado; solía tener una carpeta abultada rotulada: «Si no puedes hallarlo en ninguna otra parte, búscalo aquí». Mi yo privado tal vez empezara a verse tan caótico y descuidado por dentro como la carpeta de Lincoln.

Pensaba que un cambio tan grande en mi mundo externo traería una rápida mejora a mi mundo interior; más satisfacción, más gratificación. En cambio, el mismo ajetreo y la complejidad conformaban casi como una ventisca privada que hacía difícil navegar con claridad en mi mundo interno.

Lo que me atraía a Dallas era el sentido de que allí estaba alguien que había dominado la vida interna; o que por lo menos había avanzado mucho más por ese camino que la mayoría. En él había una calma de espíritu. Suena extraño decirlo, pero tenía una cara abrumadoramente calmada.

Le pregunté: «¿Por qué no soy más feliz ahora que estoy haciendo lo que de muchas maneras es un trabajo soñado?». Y añadí: «¿Cómo puedo tener un yo privado que florezca sin que importe lo que mi yo público haga?».

Para eso, dijo Dallas, tendríamos que hablar del cuidado del alma. Y yo temía que ese tema saliera a relucir.

> *Tú eres un alma hecha por Dios, hecha para Dios, y hecha a fin de necesitar a Dios, lo que significa que no fuiste creado para ser autosuficiente..*
> **DALLAS WILLARD**

«Trabajo en una iglesia en la que mi tarea incluye salvar almas», empecé. «Pero si alguien me lo preguntara, tendría dificultades para definir exactamente lo que es un alma. ¿Es el *alma* simplemente una palabra que la gente religiosa emplea de manera arbitraria?».

No estaba preparado para su respuesta.

«Hermano John, ¿por qué hay tanto valor y misterio en tu existencia? La razón profunda en realidad es debido a eso diminuto, frágil, vulnerable y precioso de ti que se llama tu *alma*. No eres simplemente un individuo; eres un alma. "Formó, pues, Jehová Dios al hombre del polvo de la tierra, y sopló en su nariz aliento de vida; y fue el hombre un alma viviente». Tú eres un alma hecha por Dios, hecha para Dios, y hecha a fin de necesitar a Dios, lo que significa que no fuiste creado para ser autosuficiente».

En uno de sus libros, Dallas lo ha explicado aun más:

Lo que hace funcionar tu vida en cualquier momento dado es
tu alma. No las circunstancias externas, ni tus pensamientos,
ni tus intenciones, y ni siquiera tus sentimientos, sino tu alma.
El alma es ese aspecto de tu ser entero que correlaciona, integra y aviva todo lo que tiene lugar en las varias dimensiones
del yo. El alma es el centro de la vida de los seres humanos.

EL CENTRO DE LA VIDA
DE LOS SERES HUMANOS

Pensé que sabía lo que Dallas quería decir. A veces contemplo el
sol ponerse en la playa mientras percibo el aroma del agua salada y
escucho el romper de las olas; o me paro al borde de un acantilado
en el Gran Sur contemplando una cordillera y sintiendo una enorme combinación de gozo y asombro. Hay una profundidad en esos
momentos que va más allá del cuerpo. Nuestra alma conecta los
pensamientos, las sensaciones, la gratitud y la voluntad, enviándole
un mensaje a todo tu ser. Puedes enviar ese mensaje a otras personas; puedes enviárselo a Dios. Puedes decirle admirado al universo:
«¡Ah!». Esa es el alma trabajando.

«Siempre que quieras cuidar algo, tienes que entenderlo, ya sea
que se trate de un escarabajo o un BMW», continuó Dallas. «Considera ese automóvil de alto rendimiento que conduces. [¡Vaya! Él lo
había notado después de todo.] Si un coche está afinado, tiene combustible y aceite, y se encuentra alineado, es capaz de cosas asombrosas... incluso *tu* automóvil», añadió sonriendo. «Si no entiendes sus
partes y cómo funcionan, pues bien, vemos el resultado».

Dallas pasó a hacer la conexión obvia. Explicó que es terriblemente importante entender las «partes» de la vida interna. Cada
parte debe mantenerse saludable y funcionar como Dios se propuso que lo hiciera. Si tu alma es saludable, ninguna circunstancia
externa puede destruir tu vida. Si tu alma tiene mala salud, ninguna circunstancia externa puede redimir tu vida.

No obstante, ¿qué es exactamente el alma?

Dallas tomó una servilleta y trazó el primero de una serie de círculos concéntricos. El círculo más interno, de acuerdo a Dallas, es la voluntad humana: tu capacidad de escoger. Puedes decir «sí», y puedes decir «no». La voluntad es lo que te hace una persona y no una cosa. Es de lo que la Biblia habla cuando dice que Dios hizo que las personas «ejerzan dominio». La voluntad es algo que atesoramos grandemente en nosotros mismos y en otros.

No obstante, si la voluntad es tan central, ¿por qué la vida espiritual no es mucho más fácil? ¿Por qué no puedo simplemente decirles a las personas que usen su voluntad para hacer lo que Dios dice o sentir la presencia de Dios?

«La voluntad es muy central, pero también increíblemente limitada», explicó Dallas. «¿Alguna vez te has sorprendido haciendo algo que va en contra de tu mejor juicio o valores?».

«Casi nunca», dije mientras terminaba mi segunda porción de torta de chocolate con sirope derretido y helado.

«La voluntad es muy buena para hacer compromisos sencillos y grandes, como casarse o decidir mudarse a otro lugar», explicó Dallas. «Pero es muy mala para tratar de superar hábitos, patrones y actitudes que están profundamente enraizados en nosotros. Si tratas de mejorar tu alma basándote en la fuerza de voluntad, te sentirás exhausto y harás que todos los que te rodean se sientan del mismo modo».

¿Por qué esto es así? Dallas trazó un segundo círculo alrededor del primero para ilustrarlo.

«La siguiente parte de la persona es la mente. En el mundo antiguo, la mente hacía referencia tanto a los pensamientos del individuo como a sus sentimientos. Y por pensamientos quiero decir todas las formas en que una persona está consciente de las cosas».

Eso tuvo mucho sentido para mí. Los pensamientos y sentimientos fluyen de nosotros todo el tiempo, principalmente fluyendo en patrones habituales que la fuerza de voluntad por sí sola no puede redirigir de manera sostenible. Cuando tengo pensamientos que son falsos o internos, cuando doy lugar a deseos que están en

oposición a lo que Dios quiere para mi vida, daño mi alma. El apóstol Pablo dice: «La mentalidad pecaminosa es muerte, mientras que
la mentalidad que proviene del Espíritu es vida y paz».

La mente anhela estar en paz.

Dallas trazó otro círculo que afirmó representaba nuestros cuerpos. «El cuerpo es nuestro reinito. Ese es el único lugar en todo el
universo donde nuestros diminutos albedríos tienen una posibilidad de tener las riendas. Imagínate por un momento que tuvieras
voluntad y mente, pero no cuerpo».

¿Qué?

«Nuestros cuerpos son como nuestras "baterías de poder"
pequeñas. No podríamos ser nosotros sin ellos. Están repletos de
toda clase de apetitos y toda clase de hábitos. De cierta manera,
nosotros "exteriorizamos" comportamientos hacia nuestros cuerpos, desde anudar los cordones de los zapatos hasta a conducir un
coche, a fin de que nuestras voluntades y mentes no tengan que
preocuparse por eso. Nuestros cuerpos resultan asombrosos. Sin
embargo, no lo son todo. Yo no soy simplemente la suma de los
elementos que conforman mi cuerpo».

Él trazó otro círculo, el cual indicó que representaba el alma.

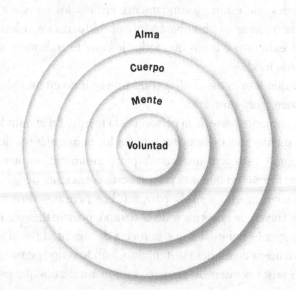

EL SISTEMA DE OPERACIÓN DE TU VIDA

«El alma es la capacidad de integrar todas las partes en una sola vida singular y completa. Es algo parecido al programa que hace funcionar una computadora; usualmente no lo notas a menos que se descomponga».

De acuerdo a Dallas, el alma busca armonía, conexión e integración. Por eso *integridad* es una palabra tan profunda con respecto al alma. El alma humana busca integrar nuestra voluntad, nuestra mente y nuestro cuerpo para conformar una persona integral. Más allá de eso, el alma trata de conectarnos con otras personas, la creación y Dios mismo, que nos hizo para que estemos enraizados en él tal como un árbol se arraiga junto a un arroyo que da vida.

> El alma es la capacidad de integrar todas las partes en una sola vida singular y completa.
>
> **DALLAS WILLARD**

Dallas me ayudó a entender lo que me había preguntado durante años sobre el alma. Ella constituye la parte más profunda de uno, y es la persona entera. Esto resulta tan cierto que la palabra *alma*, tanto en el Antiguo como en el Nuevo Testamentos, así como en todas partes en el mundo antiguo, a menudo simplemente es sinónimo de la persona. Incluso en nuestros días resulta interesante cómo nuestro vocabulario refleja esto. Las preguntas sobre los registros de aviones o barcos a veces indagan: «¿Cuántas almas a bordo?». La mayoría de las personas no tiene ni idea en cuanto a de dónde sale esto, pero su origen se remonta al mundo antiguo. Por ejemplo, algunas versiones traducen Hechos 27.37, donde Lucas informa de un naufragio en el que estuvo el apóstol Pablo: «Y era el total de los que estábamos en la nave doscientas setenta y seis almas».

Tu alma es lo que integra tu voluntad (tus intenciones), tu mente (tus pensamientos y sentimientos, valores y conciencia) y tu cuerpo (tu cara, lenguaje corporal y acciones) en una sola vida. Un alma está saludable y bien ordenada cuando hay armonía entre estas tres entidades y el propósito de Dios para toda la creación. Siempre que estás conectado con Dios y otras personas en la vida, tienes un alma saludable.

ALMAS CON MALA SALUD

Por consiguiente, de acuerdo a Dallas, un alma con mala salud es la que sufre de *desintegración*, y el pecado siempre causa la desunión del alma. Como Leonard Cohen lo expresa: «La ventisca del mundo ha cruzado el umbral y trastornado el orden del alma». Hace unos años se me pidió que hablara en la iglesia de un pastor en el profundo sur de la nación, cuyo éxito lo había hecho famoso. Retratos de él con personajes famosos y cubiertas enmarcadas de sus éxitos de librería recubrían las paredes de su oficina. Sin embargo, ahora había dejado atrás la edad en que la mayoría de las personas se jubilan, su iglesia estaba reduciéndose, su influencia se desvanecía y él se sentía desdichado.

Cuando me reuní con este pastor, empezó a decirme lo errado que estaban sus críticos, aunque yo casi no conocía a estas personas ni incluso a él. Castigaba a su gente por no traer suficientes visitantes para llenar las bancas vacías. «Ya estoy harto de ver asientos vacíos», dijo, como si la meta de la iglesia fuera evitar bancas desocupadas. Había ascendido a alturas impresionantes en el ministerio de la iglesia, pero su mente estaba preocupada con pensamientos amargos. Su cara intentaba sonrisas que estaban desconectadas de sus sentimientos, y su voluntad hacía esfuerzos increíbles por mantener una fachada que había quedado deteriorada mucho tiempo atrás.

Su alma estaba desintegrándose.

Pensé en otro individuo, un hombre de negocios que había dedicado toda su vida a ganar dinero. Sus hijos siempre supieron que tenían una prioridad inferior a su trabajo. Él nunca lo reconoció así, por supuesto, pero nuestras devociones más profundas simplemente se filtran a través de nuestros cuerpos por la forma en que gastamos nuestro tiempo, lo que nos hace sonreír y lo que se apropia de nuestra energía. El hombre levantó un imperio corporativo, pero sus empleados siempre se sintieron utilizados.

Él y su esposa compraron una imponente casa con vista al océano en el sur de California. Sufrió un derrame cerebral, pero nadie vino a visitarlo. Ahora está sentado en una silla de ruedas, respirando ayudado por un tanque de oxígeno, solo en la jaula que constituye su mansión.

Continúa obsesionado por lo que tiene y aún es incapaz de sentir gratitud o generosidad.

Esta es un alma arruinada.

Cuando pienso en ese pastor o ese hombre de negocios, recuerdo las memorables palabras de Jesús acerca del alma: «Porque ¿de qué le sirve a uno ganarse todo el mundo, si pierde su alma?». Siempre he pensado que este versículo quiere decir que a la larga de nada sirve que uno adquiera mucho dinero, tenga abundantes relaciones sexuales y experimente otros placeres sensuales si acaba yendo al infierno.

En el momento en que le mencioné eso a Dallas, me corrigió gentilmente: «Eso *no* es lo que Jesús está diciendo. Él no está hablando aquí de personas que van al infierno».

Me explicó que Jesús está hablando de un diagnóstico, no de un destino. Si consideramos el infierno como una cámara de tortura y el cielo como una fábrica de placer, nunca entenderemos el punto de Jesús. Para el alma en ruinas —es decir, aquella donde la voluntad, la mente y el cuerpo están desintegrados, desconectados de Dios y viviendo en contra de la manera en que Dios concibió que funcionara la vida en el universo— adquirir todo el mundo ni siquiera podría producir satisfacción, mucho menos significado y bondad.

Perder mi alma quiere decir que ya no tengo un centro saludable que organice y guíe mi vida. Soy un auto sin un volante que le brinde dirección. No importa cuán rápido pueda ir, porque represento un choque en espera de que suceda.

Los agricultores en la región media de Estados Unidos solían instalar una cuerda desde su casa al granero al primer indicio de una ventisca. Sabían sobre experiencias de personas que murieron en sus propios patios durante una borrasca porque no pudieron hallar el camino de vuelta a su casa. Parker Palmer escribe que la «borrasca del mundo» es el temor, el frenesí, el engaño y la indiferencia al sufrimiento de otros que nos separan de nuestras propias almas y nuestra brújula moral. Lo que necesitamos, dijo, es una cuerda desde la puerta posterior al granero a fin de que podamos hallar nuestro camino de regreso a casa. «Cuando captamos la vista del alma, podemos sobrevivir la ventisca sin perder nuestra esperanza ni nuestro camino».

No tienes que creer en la Biblia para estar de acuerdo con esto. Simplemente mira a tu alrededor.

Una mamá batalla para tener el hogar perfecto. Su esposo no ayuda mucho. Ella no le dice cuánto eso la enfada, principalmente porque siempre le ha temido al conflicto. Está enfadada con sus hijos por no ser perfectos, por no estar en camino de llegar a la universidad precisa, por no hacer que ella quede bien como mamá. Está enojada con su cuerpo por envejecer; sentirse atractiva ha sido el único sentido no forzado de valía en su vida, y ahora está esfumándose. Ella se retrae. Bebe licor un poco más de la cuenta. Chismea con sus amigas acerca de sus otras amigas. Busca maneras de ocupar su tiempo.

Piensa que su problema es su esposo, o sus hijos, o su edad, pero no es así. Se trata de su alma.

No quiero parecer insensible. Solo Dios sabe, con respecto a cualquier individuo dado, qué batallas puede haber librado con la adicción, la biología, el maltrato o simplemente algunas tentaciones que yo nunca he conocido. Sin embargo, el punto es que lo que Jesús dijo resulta verdad: ganar el mundo de afuera no nos ayuda si el mundo interior colapsa. Mírame a mí. Mírate a ti.

Vivimos en el planeta de las almas perdidas. Ese es el problema humano. No es algo superficial que solo tiene que ver con alcanzar la vida correcta en el más allá si afirmas las doctrinas correctas. Tiene que ver con la profundidad de la condición humana, que Jesús identificó como ningún otro jamás lo ha hecho.

EL ALMA DESCUIDADA NO DESAPARECE; SE DESCOMPONE

Nuestro mundo ha reemplazado la palabra *alma* por la expresión *yo mismo*, pero no son equivalentes. Mientras más nos concentramos en nosotros mismos, más descuidamos nuestra alma.

La palabra *psicólogo* proviene de la palabra griega *psiqué*, que en realidad significa «alma». De eso es de lo que debería tratar la psicología, aparte de lo que cualquiera piense en cuanto a la religión. Sigmund Freud escribió que «el tratamiento de la psiqué significa [...] tratamiento del alma. Uno también podría entender que implica el tratamiento de la enfermedad cuando ocurre en la vida del alma».

Sin embargo, la psicología se ha concentrado en el yo mismo, y el yo mismo lleva una connotación totalmente diferente que el alma. Enfocarme en mi alma quiere decir ver mi vida bajo el cuidado de Dios y en conexión con él. Enfocarme en mí mismo aparte de Dios quiere decir perder la consciencia de lo que más importa.

El *Journal of the American Medical Association* citó un estudio que indica que en el siglo veinte las personas que vivían en cada generación tenían tres veces más probabilidades de sufrir de depresión que los individuos de la generación anterior. A pesar del crecimiento en la profesión relacionada con la salud mental, las personas están siendo cada vez más vulnerables a la depresión. ¿Por qué? Martín Seligman, brillante psicólogo sin ningún interés religioso personal, tiene una teoría en el sentido de que se debe a que hemos reemplazado a la iglesia, la fe y la comunidad por una unidad diminuta que no puede soportar el peso del significado. Esa unidad es el yo mismo. Todo lo que nos preocupa es el yo mismo. Hacemos que nuestra vida gire alrededor de nosotros mismos.

Irónicamente, mientras más nos obsesionamos con nosotros mismos, más descuidamos nuestras almas.

Todo nuestro vocabulario refleja esto. Si estás vacío, necesitas realizarte a *ti mismo*. Si estás estresado, requieres aprender a cuidar *de ti mismo*. Si tienes una entrevista de trabajo, debes creer *en ti mismo*. Si estás en un salón de tatuajes, tienes que aprender a expresarte *tú mismo*. Si alguien se atreve a criticarte, precisas amarte *a ti mismo*. Si no te sales con la tuya, tienes que defenderte *tú mismo*. ¿Qué debes hacer en una cita amorosa? Ser *tú mismo*.

¿Qué tal si el *yo mismo* fuera un desastre ferroviario? ¿Qué haces entonces?

El *yo mismo* es una unidad que implica actuar solos y a nuestra manera, en tanto que el *alma* nos recuerda que no hemos sido hechos para nosotros mismos. El alma siempre existe delante de Dios. Así que el alma es necesaria para el arte, la poesía y la música profundos. El antiguo cantante de ópera Scott Flaherty lo expresó muy bien: «Lo que quiero decir es que cuando cantas estás dándole voz a tu alma». Imagínate declarando: «Entonces mi *yo* te canta, mi Salvador» o «Jesús, el amante de mi *yo mismo*». Innatamente sabemos que el yo no es el alma, aun cuando hagamos todo lo que podamos para preservarlo.

EL CUIDADO DEL ALMA

De vez en cuando trato de irme al océano y pasar la mayor parte de un día a solas. Esto resulta algo extraño que no entiendo por completo. Tengo muchas personas en mi vida que me aman y me lo dicen, pero cuando estoy a solas por un período extendido de tiempo, todas las obligaciones, expectativas y necesidades de desempeño como que se esfuman de mi mente. Cuando estoy a solas recuerdo que Dios me ama; que hay algo en mi existencia que es infinitamente mucho más hondo que todas las cuestiones relacionadas con expectativas, papeles y el desempeño de mi vida externa. Mi cuerpo cambia. Puedo sentirlo. Mi alma siente su valía.

Somos capaces de vivir la vida de una manera que en realidad ayuda y de amar a otros cuando sentimos que el alma es valiosa.

Somos capaces de vivir la vida de una manera que en realidad ayuda y de amar a otros cuando sentimos que el alma es valiosa. Sin embargo, a menudo le prestamos mucha más atención a nuestro trabajo, nuestros cuerpos o nuestras finanzas que a nuestra alma. No obstante, el alma es lo que nos lleva a la eternidad.

Cuidar el alma no quiere decir que descuidemos cosas prácticas como la carrera o la salud. El alma está en el centro de todas ellas. Significa no simplemente preguntar: «¿Cómo puedo tener más éxito en mi trabajo?» o «¿Cómo puedo ganar más dinero?». Más bien, aprendo a entender cómo mi intervención en cada aspecto de la vida está marcando mi alma.

En realidad, tu alma puede estar muy bien cuando todo en tu mundo marcha mal. Considera estas maravillosas palabras de Pedro a un rebaño pequeño: «Ustedes aman a Jesucristo a pesar de que nunca lo han visto. Aunque ahora no lo ven, confían en él y se gozan con una alegría gloriosa e indescriptible. La recompensa por confiar en él será la salvación de sus almas».

La salvación de tu alma no es solo cuestión de a dónde vas cuando mueres. La palabra *salvación* significa sanidad o liberación al nivel más profundo de quiénes somos, estando al cuidado de Dios por medio de la presencia de Jesús. Tarde o temprano tu mundo se desbaratará. Lo que importará entonces es el alma que hayas construido.

Horatio Spafford invirtió la mayor parte de lo que tenía en bienes raíces. Vivía en Chicago, y lo perdió todo en el gran incendio que tuvo lugar en esta ciudad en 1871. Su casa se destruyó. Y ellos no tenían seguro. Perdió casi todo su dinero. En 1873 subió a su esposa y sus cuatro hijas (su hijo había muerto de fiebre escarlatina en 1870) a un barco que se dirigía hacia Inglaterra y él se quedó para procurar levantar de nuevo su empresa. Pocos días después de que el barco hubo zarpado, recibió un telegrama de su esposa: «Salvada sola. ¿Qué haré?». Había ocurrido un naufragio. Sus cuatro hijas perecieron. Horatio de inmediato abordó otro barco para Inglaterra, y al pasar por el mismo lugar en el océano donde sus hijas se habían ahogado, compuso estas palabras como canción:

Cuando la paz, como río, cuida mi senda,
cuando las tristezas como las olas del mar revientan;
cualquiera que sea mi suerte, tú me has enseñado a decir:
está bien, está bien con mi alma.

Cuando Dallas y yo salimos de aquel restaurante, había dejado de nevar. Camino a casa, entoné ese himno con él. Muchos años después, durante otro viaje, en su casa de Box Canyon, lo entonaríamos de nuevo.

Por lo tanto, ¿qué hace que todo esté bien con mi alma?

CAPÍTULO 3

UN MUNDO FALTO DE ALMA

Estoy entrevistando a Dallas en una reunión llamada Catalizador Occidente. El mundo de la iglesia cristiana tiene su propia subcultura de reuniones, ritmos y redes sociales. Si uno es un líder joven en ese mundo, sabe de una conferencia llamada Catalizador, una reunión que empezó hace varios años en Atlanta y creció tanto en popularidad, y de una forma tan vertiginosa, que una versión en la costa occidental fue necesaria pocos años más tarde.

Esta tiene lugar en Irvine, California. Miles de pastores jóvenes y otros pastores en ciernes, músicos y artistas se reúnen en un salón con máquinas de niebla, una iluminación decorativa y sistemas de sonido, los cuales hacen del encuentro una especie de Woodstock puertas adentro, evangélico y del siglo veintiuno. Me siento como si fuera el más viejo en el salón desde el punto de vista cultural, si bien no cronológicamente (Dallas tiene veinte años más que yo). Él lleva saco y corbata. Esto es para Dallas —el joven que no podía comprar calcetines en la universidad— una muestra de respeto hacia su público. Nadie más en el salón lleva corbata. Nadie más en el salón tiene una corbata. Nadie más en el salón sabe cómo hacer el nudo de una corbata.

En la plataforma le hago a Dallas preguntas en cuanto al ministerio. Su respuesta: «Lo que importa no son los logros que consigues; lo que importa es la persona que llegas a ser».

¿Qué?

Él habla sobre la eternidad, cómo se forma el alma, el modo en que las tentaciones funcionan y por qué el pecado es tan destructivo. Habla de la edificación lenta y nada llamativa del carácter. Me preocupo por cómo esta marchando todo. Otros oradores en la reunión hablan con gran pasión, mientras que Dallas lo hace en el tono monótono cultivado del académico. Otros oradores cuentan experiencias dramáticas de devoción radical y sufrimiento infernal, pero Dallas no cuenta ninguna anécdota.

Cuando termina, toda la multitud de clérigos tatuados de veintitantos años se pone de pie de un brinco. A Dallas se le entrega una especie de «Galardón al logro de toda una vida». Ellos le aplauden como si fuera Jack Nicholson en los Oscares. Yo me quedo lelo intentando explicar esta respuesta. Entonces se me ocurre algo.

El alma busca a un padre.

ALMAS DAÑADAS VIVIENDO EN UN MUNDO FALTO DE ALMA

Considera estos comentarios de personas que tratan de sobrevivir:

Hombre de éxito. Cuando era joven, terminé la universidad y empecé la vida. Me casé; tuve hijos. Conseguí un empleo como analista financiero para una firma de inversiones en Manhattan. Monitoreaba el mundo. Las monedas eran mi especialidad: hacía apuestas con relación a cuándo el yen iba a subir y cuándo el euro iba a bajar. Tenía monitores que me mantenían en contacto con cada huso horario a cada hora del día. Mi celular estaba en posición de vibrador las veinticuatro horas al día, porque una ventana se podría abrir y cerrar en cualquier momento.

Mi jefe era un hombre asombroso, uno de los inventores de los fondos de cobertura, los cuales permiten que los inversionistas ganen dinero en cualquier cosa, ya sea que el precio suba o baje. Todos los que trabajaban en esta empresa eran veinte años más jóvenes que yo. A veces dormíamos en catres en nuestras oficinas para poder actuar en un abrir y cerrar de ojos ante cualquier negocio. Recibía más dinero como bono de Navidad que el que mi papá soñó ganar en toda su vida.

Mi familia vivía en un departamento no lejos del Parque Central. Los chicos iban a una escuela privada que a duras penas podíamos pagar. Compramos una propiedad en los suburbios a la que podíamos escaparnos los fines de semana. Me despertaba a las cinco de la mañana y empezaba mi consumo de café, viviendo saturado de adrenalina todo el día. Mi esposa hacía la mayor parte de las cosas con los hijos a diario; teníamos una especie de arreglo de adentro/afuera en el que yo era el Sr. Afuera. Solo que yo tenía un secreto.

Oía voces. En realidad una voz. Venía en ocasiones. Nunca pude entender lo que estaba diciendo. Cada vez que hablaba, algo más estaba teniendo lugar, o alguien más estaba haciendo ruido, o yo estaba dirigiéndome hacia alguna parte.

Me fastidiaba, pero no podía imaginarme lo que sucedía. Cuando me quedaba quieto tratando de captarla, no oía nada. Era como las pisadas detrás de un personaje en una película; tan pronto como el personaje se detenía para ver si en realidad se trataba de pisadas, las mismas también se detenían.

Un día, cuando llegué de mi trabajo a casa, la oí muy claramente. *Soy tu alma. Me estoy muriendo.*

No la volví a oír por muchos años.

Mujer no muy exitosa. Estoy tomando una clase de álgebra en primer año de secundaria, donde me siento junto a un muchacho que es más inteligente que yo. Durante un examen, le doy un vistazo furtivo a su examen. No lo bastante para que me pillen, solo una o dos veces, lo suficiente para que me ayude a obtener una calificación de casi sobresaliente. En realidad, no pienso en si me merezco o no esta calificación, o en si lo que estoy haciendo es justo para los demás compañeros. Sé que si saco una buena calificación, estaré contenta y mis padres se sentirán orgullosos. Casi en silencio me digo a mí misma que como en realidad estudié, y debido a que la mayoría de las preguntas las contesto yo misma, en verdad esto no es hacer trampas. Lo he hecho antes. Aparte del riesgo de que me pesquen, por lo demás no me molesta.

Estoy jugando en las finales de un torneo de tenis. Avanzo a la red y mi contrincante lanza una curva sobre mi cabeza. Yo digo que cayó afuera, aunque no fue así. Hay un árbitro junto a la red que no inicia las decisiones, pero está disponible para arbitrar. Mi oponente confía en mí; ella no pone en duda lo que dije. El árbitro, al que conozco, se queda mirándome después del punto. ¿Lo sabe él? Siento mariposas en el estómago. ¿Es debido a que hice trampa o porque pienso que él lo sabe? ¿Cuánto mejor me sentiría si simplemente hubiera hecho trampas y nadie lo hubiera notado? ¿Cuánto peor voy a sentirme si todos lo llegaran a saber, no solo que la decisión fue errada, sino que lo hice deliberadamente?

Mi madre y mi padre lograron tanto que yo jamás podría competir con ellos. Nunca he sido la bonita, la inteligente o la talentosa; simplemente ocupaba un lugar en la lista de la familia. Ahora estoy casada, pero mi matrimonio me proporciona muy poco placer. Mi esposo está muy dedicado a su carrera y se muestra pasivo en casa. A veces quiero gritarle, porque cualquier cosa sería mejor que su superficialidad y su silencio. He tratado de enseñar, pero no lo hago muy bien. He intentado escribir, pero el rechazo de toda editorial resulta tan doloroso que no puedo obligarme a arriesgarme de nuevo.

Trabajo en un empleo que no me gusta y no representa ningún reto para mí, y me siento agobiada. Mis dos hijas sufren debido a que no les gustan a los muchachos y no tienen la apariencia precisa. Cuando observo a otros padres en la escuela o la iglesia con hijos que se ven exitosos y contentos, para los que la vida, los estudios y el atletismo se dan fácilmente, me siento furiosa contra ellos, contra Dios y contra mí misma. No soy alcohólica, pero

espero las tres copas de vino por la noche a fin de sentir alivio
de este nudo en mi estómago. No espero que mi vida jamás sea
diferente en algo.

Hombre famoso. Uno de los programas de televisión más exitosos de todos los tiempos grabó su episodio final. Su protagonista,
Ray Romano, se ha remontado en su popularidad, pasando de
ser un comediante que batallaba a convertirse en alguien con
una riqueza fabulosa y una fama impresionante. Él vivió en el
sótano de la casa de sus padres hasta que cumplió los veintinueve
años; para el final de su serie de programas había llegado a ser el
actor de mayor paga por episodio en la historia de la televisión.
Después de filmar el último programa, se levantó ante el público
del estudio y repasó cómo su vida había cambiado y en quién se
había convertido. Cuando se mudó a Nueva York nueve años
atrás, según contó, su hermano mayor, Richard, colocó una nota
en su equipaje. Ray se la leyó al público en medio de las lágrimas:
«¿Qué aprovechará al hombre si ganare todo el mundo, y perdiere
su alma?».

Predicador. Empecé un nuevo trabajo en una iglesia. Otro ministro
tiene un año menos que yo y es un músico que trabaja en la adoración. Se trata de una estrella de rock. Cuando sube a la plataforma,
el público enloquece. Cuando dirige un concierto de adoración, el
lugar se llena por completo. Cuando termina, la gente permanece
de pie aplaudiendo y zapateando, sin querer que termine. Todos
hablan de él. Me consume darme cuenta de que quisiera que fuera
a mí a quien aplaudieran. Me doy cuenta de que estoy trabajando
en una iglesia. Me doy cuenta de cuán absurdo es que mi tarea
sea enseñar a las personas a seguir a alguien que dijo: «Muere a ti
mismo y sígueme», sin embargo, siento envidia de alguien porque
es mejor que yo para llamar a las personas a morir a sí mismas. No
obstante, esos pensamientos todavía están presentes y no puedo
desear que desaparezcan. Si puedo brillar y relucir cuando tenga
mi oportunidad, me sentiré mejor.

Le cuento a un conocido algo acerca de un tercero a quien ambos conocemos y que hará que esa persona quede mal. Siento una punzada de placer por esto. No sé por qué.

Calculo cuántos dólares he acumulado para algo que quiero comprar. No cuento cuánto dinero he reunido para darles a las personas que están muriéndose de hambre. Rara vez pienso o siento culpabilidad por esto.

Vuelvo a casa después de una fiesta. Cuando nos estacionamos en la rampa de entrada, mi esposa me pone la mano en el brazo y me dice con ternura: «Noté hoy que cuando estábamos con las otras personas, ni siquiera las miraste mucho a los ojos. A la gente le encanta cuando la miras; eso fue lo que me hizo empezar a quererte en un principio. Pienso que deberías trabajar en eso».

Mi primer pensamiento es: ¿quién se murió o te hizo *a ti* reina del lenguaje corporal? Yo soy sueco, y mis antepasados son suecos; jamás miramos a nadie a los ojos. Ni siquiera al oculista.

Me alejo de ella. Me inclino más hacia mi lado del coche. Me quedo callado, cortés, distante. Cuando está casado, aprende cómo enviar señales que harán honda huella en el alma y aun así son lo suficiente sutiles como para ofrecer una negativa plausible.

Luego pienso en cómo le dije a Dios que me gustaría capacitarme para amar mejor a las personas. Pienso en cómo quisiera que se me recuerde cuando llegue al fin de mi vida. Me gustaría haber mirado profundamente a muchos a los ojos; conectarme profundamente con muchas almas; haber logrado que las personas sepan que las he notado y me importaban, y que en realidad las amaba.

> Lo más importante en cuanto a ti no son las cosas que logras, sino la persona que llegas a ser.
> **DALLAS WILLARD**

Algo en mi corazón se retuerce y me derrito un poco. Le digo a mi esposa: «Gracias por decirme eso. Gracias por tener el valor para amarme tanto». Y en alguna parte del universo, algo sana. Y ese algo es una diminuta lágrima en mi alma.

Estas son las lágrimas del alma, incluyendo la mía propia. Todas ellas, y otros millones más, resultan reales y son lo que importa profundamente en cuanto a nosotros.

«Lo más importante en cuanto a ti», decía Dallas a menudo, «no son las cosas que logras, sino la persona que llegas a ser».

UNA PARÁBOLA DEL ALMA

Nuestro problema es que este mundo no nos enseña a prestarle atención a lo que importa. Repartimos hojas de vida que son una crónica de lo que hemos logrado, no de lo que hemos llegado a ser. La publicidad que vemos, las conversaciones que mantenemos, los criterios por los cuales se nos juzgan y el entretenimiento que consumimos, todo inflama nuestro deseo de cambiar nuestra situación, mientras que Dios espera redimir nuestras almas.

¿De qué manera el mundo en que vivimos nos impide cuidar nuestra alma?

Jesús contó una historia sobre esto. Resulta de tanta importancia que es la primera que se registra en el Evangelio de Marcos, y la única que interpretó por completo para sus discípulos.

Se trata de una historia sobre semillas, un sembrador y un terreno. En un relato como este, es útil notar cuáles son las constantes y cuáles son las variables a fin de entender el punto de Jesús.

La semilla es una constante. Esta no es una historia interesante en cuanto a semillas buenas y malas. Las semillas echarán raíces si se les da la menor oportunidad. La semilla es un breve cuadro del deseo y la acción de Dios para redimir las almas.

El sembrador es una constante. Este no es un relato en cuanto a buenos sembradores y malos sembradores. Lo primero que notamos con respecto a él es lo generoso que se muestra con la semilla. La esparce por todas partes.

Es el terreno lo que resulta interesante. El terreno es la variable. Y el «terreno» podemos reemplazarlo por la palabra *alma*. El alma cerrada significa muerte. El alma receptiva representa vida.

El *alma endurecida*. Algunas semillas cayeron en el camino, dijo Jesús. En el Medio Oriente, las condiciones son áridas. El camino es el lugar por donde transitan los agricultores y pasan las ovejas al ir en busca de agua o pastos. El camino es duro y seco, y las semillas no tienen la menor oportunidad en él.

Las almas llegan a ser así.

A menudo estas semillas son personas que han sido lastimadas o defraudadas, de modo que se revisten de una concha protectora. Se vuelven descreídas, amargadas o suspicaces. Con frecuencia en las Escrituras son hermanos. Caín puede haber sido la primera alma endurecida; su hermano Abel hizo un sacrificio que Dios aceptó, mientras que el de Caín no fue de su agrado. Jacob se endureció contra Esaú. David se vio distanciado de sus hermanos, y lo mismo sucedió entre sus hijos. Los hermanos de José se endurecieron contra él porque vieron que su padre lo amaba y ellos no, más bien lo odiaban. Y cuando les contó sus sueños, lo aborrecieron incluso más. Sus mentes estaban llenas de ira, sus sentimientos eran de envidia, sus voluntades se volvieron hostiles y sus manos lo vendieron. Después le mintieron a su padre; racionalizaron sus acciones. Sus almas endurecidas estaban perdidas.

El mundo desvía mi atención y mi alma cuando me anima a pensar acerca de mí mismo más como una víctima que como un ser humano. Me enfoco tanto en la herida que he recibido que no noto la herida que causo.

Tengo una amiga que no ha hablado con su hermana durante quince años. Tuvieron un desacuerdo con respecto al testamento de los padres por una diminuta cantidad de dinero. Hay solo dos iglesias en el pueblo, así que una de ellas tuvo que hacerse episcopal. Todas las semanas elevan la oración: «Perdónanos nuestras deudas, como también nosotros hemos perdonado a nuestros deudores» (aun cuando la episcopal tuvo que cambiar «deudas» por «transgresiones»). Sin embargo, en un mundo donde la condición de víctima se ha vuelto el estatus, las almas permanecen sin ser examinadas por su dureza.

A veces las acciones más pequeñas de sacrificio o negación propia pueden roturar el suelo endurecido. Una amiga mía me envió unas pocas frases de un artículo que vio en línea sobre «cómo seguir siendo creyente en la universidad»:

... haz pequeños sacrificios. Haz el voto de despertarte e ir a desayunar cada mañana, aun cuando tu primera clase sea a las once de la mañana. Escoge una pizza sencilla de queso en lugar de una con salchichón. Te sorprenderás al ver cómo estos pequeños sacrificios obran una magia interior, cambiando tu enfoque aunque sea levemente y alejándolo de ti mismo. Una vez que tú estás un ápice hacia un lado, Dios puede pasar al centro.

Por debajo de la dureza a menudo hay temor. El miedo a ser rechazado. El miedo a parecer tonto. El miedo a ser lastimado. El miedo al orgullo lesionado. Sin embargo, las almas pueden ser salvadas cuando el terreno se ablanda.

Se requiere un poco, apenas un poquito de suavidad en el terreno para darle a la semilla una oportunidad. La semilla es fuerte; más fuerte de lo que puedas imaginarte. Una diminuta semilla es capaz de romper una acera si puede hallar algo de espacio para respirar.

El alma endurecida es más vulnerable en cuanto a ser salvada de lo que ella piensa.

El alma superficial. Algo de la semilla cayó en terreno pedregoso. La idea aquí no es que había muchas piedras, sino que existía solamente una delgada capa de terreno cultivable con roca sólida debajo. La semilla tuvo vida hasta que el sol salió. No obstante, según afirmó Jesús, la vida se secó rápidamente debido a que el suelo era demasiado delgado para las raíces.

El mundo conspira contra nuestras almas, manteniendo superficiales nuestras vidas.

«La superficialidad», dijo Richard Foster, «es la maldición de nuestra época». La necesidad desesperada del alma no es de inteligencia, talento o tan siquiera entusiasmo; sino simplemente de profundidad. Este es el clamor de uno de los grandes cantos del alma en el libro de Salmos: «Como el ciervo brama por las corrientes de las aguas, así clama por ti, oh Dios, el alma mía [...] ¿Por qué te abates, oh alma mía, y te turbas dentro de mí? Un abismo llama a otro a la voz de tus cascadas».

> La superficialidad es la maldición de nuestra época.
>
> RICHARD FOSTER

El alma es la parte más profunda de tu persona. Es tan profunda que hay porciones de mi alma que parece que no puedo entender ni controlar. Por eso los escritores del mundo antiguo, no solo en la Biblia, a menudo hablan del alma en tercera persona, de una manera en que jamás lo harían con relación a la voluntad, la mente o el cuerpo. Hay una profundidad en tu alma que está más allá de las palabras.

Nancy y yo nos casamos en California. Ella era una joven californiana, pero yo quería alegrar su alma, así que como sorpresa la lleve a Wisconsin para nuestra luna de miel. Eso *no* le dio alegría a su alma, así que ahorré por veinte años y para nuestro aniversario viajamos a Australia. Nos fuimos a bucear en el arrecife Gran Barrera. ¡Es asombroso! En un momento uno está buceando en el agua de poca profundidad y ve el arrecife. Luego, cuando pasa sobre el borde, es como caer por un abismo. Literalmente uno se queda mirando hacia abajo, y no sé cómo, percibe a cientos y cientos, incluso a miles de metros, un abismo sin fondo.

Nancy es normalmente una persona muy aventurera, pero al pasar por sobre ese borde y contemplar hacia abajo al abismo, en realidad se aterró. Ella quiso volver al barco. Le dije: «He estado ahorrando por veinte años para este viaje. No vas a volver al barco. Vas a nadar sobre el abismo». Sin embargo, no lo hizo. Se subió al barco.

Para nuestro trigésimo aniversario, vamos de nuevo a Wisconsin.

Solíamos discutir en cuanto al Lago Tahoe en la frontera entre California y Nevada. Por años Nancy insistió en que era tan hondo que no se podía medir su profundidad. Yo argumentaba lo contrario. Una noche volvimos al tema con gran pasión durante un concierto en el que la persona que estaba sentada junto a nosotros resultó ser un oceanógrafo. Él nos interrumpió y nos dijo que en efecto la profundidad del Lago Tahoe se ha medido con una precisión milimétrica. Fue un momento maravilloso.

Sin embargo, el alma todavía está por medirse.

Durante gran parte de nuestra vida vivimos en lo poco profundo. Luego, algo de repente sucede —una crisis, un nacimiento, una muerte— y vislumbramos una profundidad tremenda. Mi alma se vuelve superficial cuando mis intereses y pensamientos no van más allá de mí mismo. Una persona debe ser profunda porque la vida misma es profunda. Un alma profunda tiene la capacidad de entender y mostrar gran empatía por otros, no simplemente por sí misma. Un alma profunda percibe y pregunta, sin seguir simplemente la corriente. Un alma profunda vive con una consciencia juiciosa de la eternidad, no simplemente para hoy. Nota, observa y reflexiona de maneras sorprendentes. Hablamos de una persona de «profundidades ocultas».

Un alma tiene profundidad especialmente cuando está conectada con Dios. Su existencia eterna, omnisciencia y amor están más allá de toda medida.

> Dios mío, mi alma está muy abatida.
> Por eso me acuerdo de ti [...]
> Un abismo llama a otro abismo,
> y resuena la voz de tus cascadas.

Hablar de profundidad quiere decir que hay más que tiene lugar que lo que vemos en la superficie. Amar, querer o valorar profundamente quiere decir que hemos dedicado tiempo, esfuerzo y pensamiento. Sufrir profundamente quiere decir ser herido al nivel del alma. La «profundidad» es una expresión de la vastedad espiritual.

En realidad, una palabra en la Biblia para describir una eternidad sin Dios es la palabra griega *abysos*. Obtenemos nuestra palabra *abismo* de ese vocablo. El alma sin Dios se halla en un abismo por la eternidad. Existe una profundidad en tu persona que las palabras no pueden describir. En el gran libro del sufrimiento, Job dice: «La angustia de mi alma me lleva a hablar»; es decir, él clama desde la profundidad de su ser.

Esta noción de profundidad es parte de por qué la Biblia habla del «alma de Dios». Muchos no saben esto, pero hay más de veinte pasajes en la Biblia que hablan del alma de Dios. Dios le dice a su pueblo: «Además, haré Mi morada en medio de ustedes, y Mi alma no los aborrecerá. Andaré entre ustedes y seré su Dios, y ustedes serán Mi pueblo». Todo lo que Dios es yace detrás de su promesa: «Mi alma no los aborrecerá».

Cuando Jesús fue bautizado, se nos dice que «una voz del cielo dijo: "Este es mi Hijo, a quien amo; con él mi alma está bien complacida"». Dios habla desde lo más profundo de su ser.

El mundo conspira contra nuestras almas al cegarnos a la profundidad y la gloria del diseño que Dios les dio y tentándonos a sentirnos satisfechos con una gratificación inmediata.

En la secundaria, Esteban fue un maravilloso futbolista. Al lesionarse la rodilla en los primeros años de la universidad, abandonó sus estudios, se casó y tuvo un hijo. Nunca escogió desafiar a Dios. Simplemente se fue deslizando. Era más fácil tomar cerveza que trabajar en su matrimonio, así que se divorció. Era más fácil quejarse que trabajar con toda el alma, así que perdió su empleo. Era más fácil evadir a la gente que le presentaba retos que cuidar de su alma, así que pasaba tiempo con personas que respetaban su deseo de comodidad sobre todo. Ahora vive con su hijo. Después de haber estado distanciados por años, está allí solo porque no tiene ningún otro lugar a donde ir. Ve todo tipo de pornografía en su dormitorio para matar el tiempo. Ha perdido su salud. Ni siquiera cuida su cuerpo. Está esperando morirse, y cuando se muera, nadie lo llorará.

Sin embargo, fuera de la puerta del dormitorio de Esteban, si tan solo él lo supiera, su hijo espera que le diga una sola palabra de aflicción, remordimiento, o amor. Se requiere solo un poco, apenas una diminuta profundidad del suelo, para darle a la semilla una oportunidad. El alma superficial está más cerca de ser salvada de lo que ella piensa.

El alma atiborrada. Algunas semillas cayeron entre espinos, los cuales crecieron y ahogaron las plantas. Jesús dijo que esa es la condición donde los afanes de esta vida, el engaño de las riquezas y el deseo de otras cosas vienen y ahogan el alma.

Alguien dijo hace mucho tiempo que si el diablo no puede hacerte pecar, hará que te afanes, porque de cualquier manera tu alma se marchitará. Nuestro mundo desviará la atención de tu alma, porque es un mundo atiborrado. Y el atiborramiento es tal vez el resultado más peligroso, porque resulta muy sutil.

Una vez un profesional joven urbano vino a ver a Jesús. Creía en Dios, había llevado una vida respetable y quería asegurarse de que había cubierto todas las bases. Jesús le dijo que estaba haciéndolo bastante bien. El joven profesional se encontraba a punto de marcharse cuando Jesús mencionó, con tono casual, que había simplemente un pequeño detalle más que tenía que atender: «Anda y liquida todos tus bienes, gira un cheque donándolo todo a Visión Mundial, luego ven y pasa tu tiempo conmigo, y hallarás que tu alma ha sido salvada».

El alma atareada se apega a las cosas erradas, porque el alma es pegajosa. El velcro del alma es lo que Jesús llama «deseo». Es posible que sea un deseo de dinero o puede tratarse simplemente de un deseo de «otras cosas».

Erramos al tomar nuestro atiborramiento por vida. ¿Importamos si dejamos de estar atareados? Una persona preocupada con lo externo —el éxito, la reputación, la actividad incesante, el estilo de vida, los chismes de la oficina— puede estar muerta internamente y ni siquiera reconocerlo. Y nuestro mundo tiene montones de «otras cosas». Puedes obtenerlas de los infomerciales, puedes comprarlas en línea, puedes coleccionarlas en la cochera y ponerlas en tu testamento.

Se requiere solo un poco, apenas un diminuto espacio sin atiborramiento para darle a la semilla una oportunidad. El alma atiborrada está más cerca de ser salvada de lo que ella piensa.

TU ALMA ESPERA

Compré mi última lata de frijoles con salchichas no hace mucho. Cuando estaba en la secundaria, hice amistad con un amigo —un amigo del alma— y durante mi primera visita a su casa su mamá nos preparó frijoles con salchichas de almuerzo. Esta se convirtió en una especie de comida sacramental para nosotros; y resultaba tan mala como suena.

La madre se llamaba Betty y vivió hasta cumplir los noventa. Nunca hizo nada extraordinario. Simplemente crió cuatro hijos. Simplemente mantuvo a su familia unida mientras su esposo luchaba con un desorden maníaco depresivo década tras década antes de que hubiera remedios, sin saber qué hallaría en su casa al llegar todos los días. Vivió en la misma casita en Rockford, Illinois, toda su vida. Nunca viajó. Nunca compró un vestido costoso ni un coche de lujo.

Cuando murió, la capilla estaba repleta. Se encontraba llena de vidas que ella había tocado. Resultó que su casa en la avenida Carolina, como aquella otra casa en Box Canyon, era uno de los puestos de avanzada extraños, pequeños y sin rótulos de un gran alma. Llevé la lata de frijoles con salchichas al funeral como una especie de Última Cena final en honor a su alma.

Un alma puede ser salvada. Sin embargo, esto exige suavidad, profundidad y espacio. Y el mundo no ayuda gran cosa.

He estado esperando.

Soy tímida —terriblemente tímida— incluso si pertenezco a la persona más ruidosa. Solo puedo susurrar, nunca gritar. Tal vez ni siquiera nunca me notes.

Sin embargo, estoy aquí, esperando.

No me encuentro en la superficie. Si miras y escuchas con paciencia, lo sabrás.

Hablo mediante tu confusión, mediante tu espera, mediante tu dolor. Cuando tartamudeas, cuando dices lo que no querías decir, se trata de mí. Cuando contemplas una puesta del sol, oyes a un niño reír, o escuchas una pieza de música que hace que de repente sientas un nudo en la garganta, soy yo la que hace que tus ojos se llenen de lágrimas. Cuando eres un adicto, soy yo la que estoy encadenada.

Cuando el sol se queme y el universo se derrita, yo estaré aquí. Como Glenn Close en la película Atracción Fatal, no se me ignorará. Puedo ser herida, perdida, rechazada o redimida. Tus circunstancias en realidad importan para tu felicidad menos de lo que piensas. Es mi salud lo que hace de tu vida un cielo o un infierno.

Soy tu alma. Estoy aquí.

CAPÍTULO 4

ALMAS PERDIDAS

Había crecido pensando que sabía lo que era un alma perdida, pero ahora no estaba muy seguro. Dallas dijo: «Un alma arruinada es un alma *perdida*». ¿Qué es un alma perdida? ¿Simplemente alguien contra quien Dios está furioso? ¿Cuándo está perdida una persona? ¿Hay alguien perdido hoy?

Siempre había pensado que un alma perdida se refería al *destino* del alma, no a su *condición*. Sin embargo, es la condición lo que constituye el problema real. Si un carro ya no funciona, no importa mucho si acaba en el depósito de chatarra o en la sección privada de estacionamiento del Ritz-Carlton. No estamos perdidos porque vamos a acabar en el lugar equivocado. Vamos a acabar en el lugar errado porque estamos perdidos.

Vivimos en el planeta de las almas perdidas.

El alma integra la voluntad, la mente y el cuerpo. El pecado nos desintegra. En medio del pecado, mi apetito por la lujuria, o la ira, o la superioridad, domina mi voluntad. Mi voluntad, que fue hecha para gobernar mi cuerpo, se vuelve esclava de lo que mi cuerpo quiere. Cuando lisonjeo a otros, aprendo a usar mi boca y mi cara para esconder mis verdaderos pensamientos e intenciones. Esto siempre requiere energía, pues estoy poniendo en práctica la desintegración entre mi cuerpo y mi mente. Odio, pero ni siquiera puedo admitirlo yo mismo, así que debo distorsionar mi percepción de la realidad para racionalizar mi odio. Desintegro mis pensamientos y la realidad.

El pecado en última instancia hace imposible la gratitud a largo plazo o la amistad. El pecado con el tiempo destruye mi capacidad incluso para el disfrute, mucho más para el significado. Distorsiona mis percepciones, destruye mis relaciones personales, inflama mis deseos y esclaviza mi voluntad.

Eso es lo que significa perder el alma. No se trata de una amenaza cósmica, sino de un diagnóstico clínico. No es «Yo podría acabar *allá*». Es «Yo podría llegar a ser *eso*». Si eres un alma perdida, tu entorno no importa —y lo digo literalmente— en absoluto.

LA DANZA CON EL PECADO Y EL ALMA

Supongo que la persona contra quien más he pecado es mi esposa. Ella fue la primera novia que tuve realmente en serio. Había salido una vez con varias muchachas, con algunas de ellas dos veces y con unas cuantas hasta en tres ocasiones, pero nunca salí cuatro veces con la misma joven hasta que lo hice con ella.

La más grande diferencia entre nuestros niveles de madurez es que yo me consideraba mucho más maduro de lo que en verdad era. Nunca antes había estado enamorado y tenía gran confianza en que cuando sucediera, lo sabría. Había hecho una pregunta muchas veces: «¿Cómo sabe uno que está enamorado?». La respuesta que siempre recibí y siempre quise creer era: «Lo sabrás». En realidad, era: «Simplemente lo sabrás», dicha con una sonrisa y un gesto de conocimiento.

Con Nancy, simplemente lo supe. Excepto cuando no lo sabía. Excepto cuando ella hacía algo que me fastidiaba, algo que no encajaba perfectamente con mi noción idealizada y romántica de lo que significaba tener la más grande relación personal de todas.

Cuando ella hacía algo que no me gustaba —siempre que discrepaba con demasiada vehemencia o pensaba que yo estaba volviéndome demasiado dictador— sentía que algo se enfriaba dentro de mí. Me distanciaba de ella haciendo menos contacto ocular, tocándola menos y hablándole con un poco más de frialdad. En la noche de nuestra cena de ensayo de bodas, donde se suponía que todo fuera música y magia, hizo o dijo algo que no me gustó (y de lo cual ya no tengo ni la menor idea), pero recuerdo con gran claridad estar sentado en el coche con ella tarde en la noche. En medio de las lágrimas, Nancy dijo: «Si no quieres casarte conmigo, dilo».

Amor, cólera, retraimiento, frialdad, dolor, culpabilidad, fusión. Todo esto a un nivel demasiado profundo para mi conocimiento. Había mantenido en mi mente dos pensamientos incompatibles: «Soy una buena persona» y «Quiero infligir dolor». Así que tuve que separarlos entre sí; tuve que desintegrar mi mente. Este patrón llegó a estar tan integrado que mi voluntad no podía detenerlo.

Fuimos a Wisconsin de luna de miel. A solo pocos días de casados, ella se me acercó románticamente, pero yo me retraje detrás de un libro. Le daba a entender que no quería tener relaciones sexuales, aunque en realidad lo deseaba. No obstante, sabía que mi frialdad le haría algo de daño. Mi pecado interfirió en mi vida sexual.

A veces, si estábamos con otras personas y ella decía algo que no me gustaba, me distanciaba un poco de ella y era menos cortés, hacía menos contacto ocular y me inclinaba un poco más hacia la persona con la que estábamos. Mi mente era un conflicto entre pensamientos de amor y pensamientos de amargura; mis sentimientos estaban divididos entre la intimidad y la frialdad. Mi voluntad se alejaba de ella con cólera hasta que las cosas en realidad empeoraban, entonces Nancy lloraba y yo me sentía culpable y volvía a acercármele. Mi cara y el tono de mi voz podían producir en ella el efecto que quería sin ser totalmente abierto acerca de los recovecos más profundos de mi mente y mi voluntad. El pecado estaba en mi cólera. El pecado estaba en mi engaño. El pecado estaba en mi cuerpo, en la manera en que usaba mi rostro tanto para esconder como para hacer daño.

Nancy quería que viéramos a un consejero. Lo hicimos unas cuantas veces ese primer verano, pero fui muy a regañadientes. Y nunca más accedí a hacerlo después de eso por muchos años. Tenía un doctorado en psicología clínica porque creía que otras personas necesitaban ayuda, no yo. El pecado estaba en mi orgullo. El pecado estaba en mi obstinación.

El matrimonio es revelador. Si tan solo hubiera tenido ojos para ver el pecado en casi todo aspecto de mi vida... Esta danza de retraimiento y acercamiento continuó aquí y allá durante quince años. No era la única dinámica en nuestro matrimonio; nos amábamos de forma genuina y disfrutábamos el uno del otro. No obstante, el retraimiento estaba siempre presente, por lo menos debajo de la superficie, manteniéndose en hibernación hasta el próximo episodio doloroso.

Y entonces las cosas empeoraron mucho. Me había mostrado frío por mucho más tiempo y había sido más duro que tal vez nunca antes. Nancy regresó de un viaje de dos semanas, pero ni aun así me moderé. Recuerdo que la recogí en el aeropuerto y continúe siendo cortésmente distante; incluso me acuerdo de cómo nuestra hija de ocho años trató de empujarnos en el aeropuerto el uno hacia el otro para que nos abrazáramos. Ella sabía que nos estábamos distanciando. Los niños siempre saben más de lo que pensamos.

Esa noche Nancy me dijo que ya no podía seguir con la danza. No se sentía bien con lo que sucedía. Sin embargo, esta dinámica no era cuestión de ella. Representaba un problema dentro de mí, y tenía que resolverlo de alguna manera. Esto le dio inicio a un año de ansiedad y depresión, de asesoramiento y llevar notas, de pasitos y charlas dolorosas, y de enfrentar la fealdad dentro de mí mismo que yo nunca había sabido que estaba allí.

El alma perdida que debía salvar, por la cual me había dedicado al ministerio, era la mía propia.

Llame a Dallas y tomé un vuelo a Box Canyon. Fuimos a dar una larga caminata e hicimos un extenso recorrido en coche. Traté de describirle lo que estaba sucediéndome con Nancy y lo que estaba aprendiendo en cuanto a mi propia necesidad de ser visto —y de verme a mí mismo— como un individuo distinto al que era en realidad. Jane, la esposa de Dallas, nos acompañó por un rato; ella trabaja como consejera y directora espiritual. Esbozó un pequeño diagrama que conservo hasta hoy, ilustrando cómo ciertas personas se ven a sí mismas bien sea como un ser superior inflado o alguien vacío e inútil que nadie puede amar.

Empecé a percibir mi profunda condición de perdido.

Mientras descargaba mi agobio sobre Dallas, comencé a entender otra verdad del alma: la confesión es buena para el alma en verdad. El alma se sana por medio de la confesión. El pecado divide el yo. Me dividió a mí mismo. Lo que quiero decir con esto es que trataba de fingir frente a Nancy; pretendía ser un mejor esposo de lo que era ante la iglesia. El pecado dividió mi voluntad; deseaba tener intimidad, sin embargo, quería infligir dolor cuando me sentía herido.

El alma perdida que debía salvar, por la cual me había dedicado al ministerio, era la mía propia.

Mientras siguiera pretendiendo, mi alma continuaría muriéndose. De manera lo suficiente extraña, no simplemente fingía frente a otras personas. También fingía delante de Dios. Mi amigo Scotty dice que a veces pedimos perdón, pero sabemos de sobra que volveremos al mismo pecado mañana. En realidad, no queremos perdón, sino simplemente deseamos librarnos del problema. Él afirma que sería mejor orar de esta manera: «Amado Dios, pequé ayer, pequé otra vez hoy, y planeo salir y cometer el mismo pecado mañana. En el nombre de Jesús, amén».

Tal vez esta oración no refleje la madurez de la frase: «Hágase tu voluntad», pero es mejor ser una ruina honrada delante de Dios que un «santo» insincero. «Tú deseas verdad en las partes más íntimas», le dijo el salmista a Dios, y eso implica una conversación del alma. Eso forma parte del puro poder sanador de AA: Alcohólicos Anónimos. La confesión es buena para el alma.

Al final del día, Dallas y yo oramos juntos. Yo oré pidiendo perdón y sanidad. Dallas hizo algo que nadie jamás había hecho por mí; mientras orábamos, él puso una mano sobre mi pecho y mi corazón. Le pidió a Dios que le diera sanidad a mi alma. En ese momento me pareció como nunca antes que alguien en realidad casi tocaba mi alma. Finalmente, empecé a avanzar hacia la sanidad. Es un motivo de gozo poder decir eso. No obstante, aun así lucho. Tengo otros pecados con relación a Nancy. Luego están los pecados que se levantan contra mí como padre. Y también los pecados como amigo, pastor, vecino, hijo, consumidor y ciudadano global.

Al igual que me había dado cuenta antes en la conferencia llena de gente de veintitantos años, percibí ahora por mí mismo que el alma busca a un padre.

DESCONECTADO DE DIOS

El apóstol Pedro dice: «Hay deseos pecaminosos dentro de ti, y batallan contra tu alma». Tu alma es lo que integra, lo que conecta, lo que se liga con tu voluntad, luego tu mente (aquellos pensamientos, sentimientos y deseos que tienen lugar todo el tiempo), y luego tu cuerpo (con todos sus apetitos, hábitos y conductas). Dios nos diseñó a fin de que nuestras decisiones, nuestros pensamientos y deseos, así como nuestra conducta, se mantengan en perfecta armonía unos con otros y sean fortalecidos por una conexión ininterrumpida con Dios, permaneciendo en perfecta armonía con él y toda su creación. Esa es un alma bien ordenada.

El alma es lo que relaciona y une todas esas partes íntimas, conectándolas con Dios, y fue hecha para tener armonía en todo sentido. Nota como el salmista exclama: «Alaba, alma mía, al SEÑOR; alabe *todo mi ser*». En otras palabras, es mi alma la que conecta «todo mi ser» y eso clama por integración, compleción, unidad, armonía. Tal cosa puede suceder solo cuando mi alma —toda mi vida— está conectada con Dios.

Es precisamente por eso que cuando alguien le preguntó a Jesús una vez: «De todos los mandamientos, ¿cuál es el más importante?», él contestó: «Ama al Señor tu Dios con todo tu corazón, con toda tu alma, con toda tu mente y con todas tus fuerzas». No es coincidencia que todas las partes de la persona de las que hemos estado hablando se hallen presentes aquí en el mandamiento más importante. Tu corazón (es decir, tu voluntad, tus decisiones), tu mente (todos tus pensamientos y deseos), tu fuerza (todo tu cuerpo) y tu alma deben estar unidos y enfocados en amar a Dios, y entonces el amor de todo eso fluye.

Lo que el pecado hace es romper esta conexión con Dios y su amor, desintegrando la vida de uno. Por eso el problema humano básico es a nivel del alma. Santiago utiliza una frase verdaderamente interesante dos veces. En Santiago 1.8 dice: «El hombre de doble ánimo es inconstante en todos sus caminos» (RVR60). Luego repite: «Acercaos a Dios, y él se acercará a vosotros. Pecadores, limpiad las manos; y vosotros los de doble ánimo, purificad vuestros corazones». La palabra que la versión Reina Valera traduce «de doble ánimo» es el término griego *dipsucos*. *Psuqué* es la palabra griega para alma, de modo que literalmente esto se podría traducir como «ustedes los de doble alma», «ustedes los del alma dividida», o «ustedes los del alma fragmentada». El pecado fractura y destroza el alma.

Aunque no hablamos mucho del alma, nuestro vocabulario refleja esto de maneras muy profundas, a menudo inconscientes. La gente dice cosas tales como: «Siento como si mi vida se estuviera desmoronando» o «Parece simplemente que no las tengo todas conmigo. No puedo poner en orden mis asuntos. Parece que me estoy desbaratando. Siento como si me estuviera cayendo a pedazos». Estos son los clamores de un alma que fue hecha para ser sana. Como Parker Palmer lo expresa: «La vida dividida es una vida herida, y el alma se mantiene llamándonos a sanar la herida».

El corazón es primordialmente la sede de las decisiones que tomamos a partir de la esencia de quienes somos. Así que el cuadro aquí es una persona que hace lo correcto a veces, pero que la destroza el deseo de hacer otra cosa. Tal vez esto quiere decir que evado el adulterio abierto, pero me permito otras formas de gratificación sexual que ofenden a mi esposa. O evado robar, pero nunca actúo con generosidad o la mano abierta. Tengo mi pie en el acelerador y en el freno al mismo tiempo.

Cuando mi voluntad está alineada de forma constante, libre y gozosa con lo que valoro más profundamente, mi alma halla reposo. Eso significa estar completo. Cuando vivo con una devoción a medias, mi alma siempre se encuentra tensa.

El propósito de Dios es que en mi voluntad sea capaz de supervisar o dirigir mi mente y luego mi cuerpo. Así que si todo funciona como es debido, si eres lo que Dios se propuso que fueras al crearte, entonces tu cuerpo será el siervo obediente y fiel de tu mente y tu voluntad, hará lo que tú escojas. Tu mente también pensará y sentirá con respecto a las cosas a las que tú la diriges.

> Cuando mi voluntad está alineada de forma constante, libre y gozosa con lo que valoro más profundamente, mi alma halla reposo. Eso significa estar completo. Cuando vivo con una devoción a medias, mi alma siempre se encuentra tensa.

Mi voluntad existe para someterse a Dios en todo. Mi mente debería estar bajo el control de mi voluntad. Si ese fuera el caso, yo simplemente sería capaz de escoger pensamientos que dan vida y veraces, así como deseos saludables. A su vez, mi cuerpo siempre se sometería a mi mente. Mis hábitos se alinearían con mis valores. Mis apetitos estarían gobernados por un pensamiento racional.

Sin embargo, demasiado a menudo la voluntad carece de poder para controlar la mente, permitiéndonos ir a lugares a los que no queremos ir. Nuestros cuerpos experimentan colecciones de apetitos que se salen de control y hábitos que nos arrastran por sendas que no queremos tomar. Estoy almorzando con un amigo y uno de nosotros ordena postre, a pesar de que sabe que no debería haberlo hecho. Para empeorar las cosas, cuando sirven el postre es gigantesco. Y viene en un plato enorme. Tiene crema batida por todas partes, abochornando al que lo pidió. Hace que parezca que el individuo tiene un gigantesco apetito por los dulces. Entonces encuentra la solución para su turbación. El plato es tan grande que el postre gigantesco se ve pequeño en comparación. ¿La siguiente frase que dirá el individuo que lo ordenó?

«Plato grande. Postre pequeñito».

Ahora bien, ¿de dónde salió esa frase? Vino de la mente. ¿Qué está haciendo la mente? El cuerpo dijo: «Quiero algo. Deseo un postre. Quiero grasa, azúcar y todas esas cosas que no son buenas para mí». La voluntad indicó: «De acuerdo, está bien conmigo. Adelante, compañero». Eso deja a la mente con un problema: «Quiero pensar que soy una persona de dominio propio y voluntad firme, sin embargo, estoy siendo indulgente con algo que sé que no va a ser bueno para mí. Y tampoco quiero que mi amigo piense que soy un glotón o no soy una persona saludable». La mente puede dirigirse a la voluntad y decir: «Oye, voluntad, no hagas esto. No necesitas todas esas calorías y grasas. Además, tu amigo va a pensar que no tienes dominio propio». Sin embargo, la voluntad no va a renunciar a ello. La voluntad ya le ha dicho que sí al cuerpo, por lo tanto, ¿qué tiene que hacer la mente? Ella tiene que hallar alguna manera de racionalizar la decisión que la voluntad ha tomado a fin de que pueda continuar sintiéndose bien en cuanto a la clase de persona que el individuo es. ¿Te suena familiar algo de esto?

Así que, de las miles de cosas que la mente pudiera notar, concentra su atención en la proporción entre el volumen del postre y el tamaño del plato, que es en realidad más grande que los platos para postres de muchos restaurantes. La mente dice: «Bueno, esto significa que si solo me fijo en el postre soy un cerdo fuera de control. No puedo lidiar con eso». Así que la mente va derecho al engaño obvio: bandeja grande, pero postre chiquito.

No voy a mencionar cuál de nosotros ordenó el postre, porque la santidad de la confidencialidad entre el sacerdote y el penitente es absoluta.

Esto puede parecer un ejemplo trivial, pero detrás del mismo se encuentran las dinámicas que hacen posibles los celos, la lujuria, la codicia, la ira, el abuso y el engaño. Nos descubrimos a nosotros mismos, debido al pecado, en ese extraño lugar donde queremos hacer lo bueno, pero no lo hacemos. Asistimos a la iglesia, leemos la Biblia y pensamos acerca de Dios como un Dios de amor. El fruto del Espíritu es amor y gozo, de modo que decimos: «Bueno, así es como yo amo». No obstante, cuando miramos nuestras vidas, el problema real no es simplemente las cosas que vemos, sino las miles de cosas que no vemos. «Plato grande. Postre chiquito». Esta es la condición humana.

Pablo dice: «Porque, según el hombre interior [en mi mente e incluso en mi espíritu], me deleito en la ley de Dios». Estoy a favor del amor, el gozo, la verdad. ¿Quién no lo está? «Pero encuentro que hay otra ley en mis miembros»; es decir, en mi cuerpo. Hay hábitos que mis ojos, mis manos y mi boca violan todo el tiempo. Y violan mucho, mucho, mucho más de lo que me doy cuenta. Esta ley «se rebela contra la ley de mi mente y me tiene cautivo a la ley del pecado que está en mis miembros»; es decir, mi cuerpo.

Los hábitos se desayunan con el poder de la voluntad.

Jesús hizo este diagnóstico hace mucho tiempo cuando hablaba de la tentación. «El espíritu está dispuesto» —nota el vocabulario de nuevo— «pero el cuerpo es débil». Esto es muy cierto y en gran medida se ignora u olvida en nuestros días. Los hábitos se desayunan con el poder de la voluntad. Así que está la voluntad, la mente y el cuerpo. Ellos están funcionando muy mal, a veces de maneras que hasta nos parecen cómicas, pero a menudo de otras formas que son horribles e indeciblemente trágicas.

El pecado es la enfermedad que nuestras almas han heredado.

CAPÍTULO 5

EL PECADO Y EL ALMA

Las gafas de sol falsas pueden dañar tu alma.

Algunos investigadores de las universidades de Duke, Carolina del Norte y Harvard examinaron el impacto de los «adornos falsos» sobre nuestra ética. En un estudio a un grupo de mujeres se les dio costosas gafas de sol Chloé para que las usaran, pero a la mitad de ellas se les dijo que los lentes eran imitaciones baratas. Aun cuando fueron asignadas al azar, el grupo de las gafas falsas resultó con el doble de probabilidad —tanto para hacer trampas como para robar en un estudio subsiguiente— que las mujeres que creían que llevaban el artículo real. En otro estudio, personas que pensaban que llevaban gafas de sol de imitación fueron más descreídas en su actitudes hacia otros. Fingimos en la vida para apuntalar nuestro ego. Sin embargo, el resultado es que nos sentimos como farsantes y nos volvemos más engañadores y descreídos con los demás. Así de exquisitamente sensible es la necesidad del alma de ser sana.

¿Cómo le hago frente a la verdad en cuanto a mi propia alma? ¿Por qué es tan evasiva? ¿Por qué puedo a menudo ver a otros con más claridad que a mí mismo? El vocabulario del alma tiene que incluir el vocabulario del pecado. ¿Por qué? Porque el pecado desintegra y revierte la condición de sano. Tu alma no puede funcionar apropiadamente si el pecado está presente.

El pecado no se trata simplemente de las cosas malas que hacemos, sino también incluye el bien que no hacemos. Abarca a los niños con hambre que no queremos mirar, el esfuerzo voluntario que evadimos, los pobres a quienes no estamos dispuesto a servir y el dinero que no queremos dar. ¿Cómo pueden los buenos miembros de la iglesia darle la espalda a las personas a quienes Jesús les llamó «estos pequeñitos»? Desvío y colusión. Primero, nos recordamos a nosotros mismos que no hemos cometido los pecados realmente malos tales como robar bancos o asesinar en serie. Luego hacemos un pacto los unos con los otros: yo no te pido cuentas si tú no me las pides a mí. Los que publican libros religiosos me han dicho que nadie va a comprar libros sobre darle de comer al hambriento o vestir al desnudo. La colusión está bastante bien extendida.

NO HAY PECADOS PEQUEÑOS

A diferencia de en nuestro sistema legal, los pecados no se evalúan según su seriedad. No hay delitos menores en el ámbito del pecado. El pecado es pecado, y es serio debido a lo que le hace al alma. El apóstol Pablo escribió: «Este mensaje es digno de crédito y merece ser aceptado por todos: que Cristo Jesús vino al mundo a salvar a los pecadores, de los cuales yo soy el primero». ¿Por qué Pablo afirma que él es el primero? El finado John Sttot escribió: «Pablo no está diciendo que hizo un estudio prolijo de todo pecador en la historia humana y halló que él era el peor. La verdad es, más bien, que cuando el Espíritu Santo nos reprueba, un resultado inmediato es que abandonamos tales comparaciones». Pablo se percataba tan vívidamente de sus propios pecados que no podía concebir que alguien pudiera ser peor.

Este es el vocabulario de todo pecador cuya conciencia ha despertado e inquietado el Espíritu Santo. Existe una evidencia neurológica real del poder de la reflexión espiritual para hacer que nos demos cuenta de nuestro pecado. Los cristianos en realidad usan una parte diferente de su cerebro para evaluarse a sí mismos que aquellos que no son creyentes. En un estudio realizado en Pekín, los investigadores compararon qué parte del cerebro las personas usaban para evaluarse a sí mismas y a otras.

El estudio se resumió en un artículo con el sugestivo título: «Consecuencias neurales de la creencia religiosa en el proceso de autorreferencia». Los sujetos que no eran religiosos usaron una parte del cerebro (la corteza prefrontal media ventral, en caso de que te interese) para evaluarse a sí mismos, pero otra parte (la corteza prefrontal media dorsal) para evaluar a los demás. Los cristianos usaron la misma parte del cerebro para evaluarse a sí mismos y evaluar a otros. Los investigadores formularon la hipótesis de que esto se debe a que en realidad estaban empleando una especie de «punto de referencia de Jesús» para la evaluación personal; en realidad, estaban preguntando: «¿Qué piensa Dios de mí?». Jeff Schwartz, investigador de UCLA, dijo que este estudio es uno de los documentos científicos más importantes publicados en la última década. La oración, la meditación y la confesión en verdad tienen el poder de rediseñar el cerebro de una manera que puede hacernos menos autorreferenciales y lograr que nos percatemos más de cómo Dios nos ve. Sin embargo, estos impedimentos al pecado tal vez no surjan fácilmente.

> La oración, la meditación y la confesión en verdad tienen el poder de rediseñar el cerebro de una manera que puede hacernos menos autorreferenciales y lograr que nos percatemos más de cómo Dios nos ve.

Pedro escribió: «Amados hermanos, como si ustedes fueran extranjeros y peregrinos, les ruego que se aparten de los deseos pecaminosos que batallan contra el alma». En nuestros días, el vocabulario del alma a menudo evoca imágenes de gente que bebe té de hierbas, viste ropa de Birkenstock, cultiva flores, enciende velas aromáticas, evade conflictos y gusta de las barras de avena y miel. Sin embargo, no es de eso de lo que Pablo está hablando cuando se refiere a la obra en el alma. Él dice que la obra del alma implica una guerra. Una guerra espiritual.

Las personas en ciertos círculos eclesiásticos le atribuyen casi toda inconveniencia a la guerra espiritual. Una vez, mientras me dirigía al lugar donde debía hablar, llegué casi justo a tiempo debido a una llanta baja. Una de las personas que se hallaban donde yo iba a predicar dijo: «Vaya, eso sí que es guerra espiritual». Pues bien, tal vez sea así, pero yo me hallé preguntándome a mí mismo: «Si un demonio en realidad estaba tratando de impedirme que llegara a la iglesia a tiempo, ¿por qué no arruinó la caja de velocidades, la correa del ventilador o el sistema de encendido? Una llanta baja es lo único que sé cómo arreglar en un coche». Pedro no estaba hablando de las consecuencias ordinarias de la vida, sino de los efectos de la desintegración que destruyen el alma.

La capacidad del pecado para desintegrar el alma es el tema de un libro de un profesor de Duke llamado Dan Ariely. En *The Honest Truth about Dishonesty: How We Lie to Everyone—Especially Ourselves* [La verdad honesta sobre la deshonestidad: cómo mentimos a todos, especialmente a nosotros mismos], Ariely se asombra por cuánto se ha extendido la tendencia de las personas a hacer trampas, ser egocéntricas, mentir y engañar. Él descubrió que nos impulsan dos motivaciones primordiales. La primera, queremos recibir ganancias egoístas. Queremos evadir el dolor. Lo deseamos tanto que estamos dispuestos a mentir, hacer trampas o engañar para lograrlo. Queremos lo que queremos, y estamos dispuestos a traicionar para conseguirlo. La segunda, deseamos mirarnos en el espejo y poder pensar bien de nosotros mismos. Esto quiere decir que todos queremos vernos básicamente como personas buenas, honradas y honorables. Por supuesto, estas dos motivaciones están en conflicto la una con la otra.

¿Cómo podemos fomentar con engaños nuestro egoísmo por un lado, pero al mismo tiempo vernos como individuos sinceros, maravillosos y nobles? «Allí es donde nuestra asombrosa flexibilidad cognoscitiva entra en juego. Gracias a esta destreza humana, siempre que hagamos trampas solo un poquito, podemos beneficiarnos de engañar por ganancias egoístas y con todo vernos a nosotros mismos como seres humanos maravillosos». Lo que Ariely llama nuestra asombrosa flexibilidad cognoscitiva, el apóstol Pablo lo define como «impiedad e injusticia de los seres humanos, que con su maldad obstruyen la verdad».

Leer el libro de Ariely me llevó más tiempo de lo que esperaba, porque alguien me lo robó y tuve que conseguir un nuevo ejemplar. ¿Quién robaría un libro sobre la deshonestidad? Cuando lo lea, ¿qué va a pensar sobre este libro acerca de personas deshonestas que hacen trampas, mienten y roban?

El libro de Ariely ofrece con gran claridad una verificación empírica de lo que tú y yo sabemos que sucede todo el tiempo. He aquí un breve ejemplo con el cual espero que no te identifiques. Ariely dice: «En el curso de muchos años de enseñanza he notado que típicamente parece haber una racha de muertes entre los parientes de los estudiantes al final del semestre. Esto sucede en su mayor parte durante la semana previa a los exámenes finales y antes de la fecha límite para la entrega de documentos». ¿Adivinas cuál es el pariente que más a menudo se muere? La abuela. Y no estoy inventando esto.

Mike Adams, profesor de la Eastern Connecticut State University, ha investigado sobre el tema. Él ha mostrado que las abuelas tienen diez veces más probabilidades de morir antes de los exámenes de mediados del curso, y diecinueve veces más probabilidades de hacerlo antes de un examen final. Peor todavía, las abuelas de los universitarios a los que no les va bien en clases corren un riesgo incluso mayor. Los estudiantes que están fallando tienen cincuenta veces más probabilidades de perder a la abuela que los que lo están haciendo bien. Resulta que el mayor pronosticador de la mortalidad entre los ciudadanos de la tercera edad en nuestros días acaba siendo las calificaciones promedio de sus nietos. La moraleja de todo esto es esta: si eres abuelo o abuela, no dejes que tus nietos vayan a la universidad. Eso te matará, en especial si el nieto o nieta enfrenta un reto intelectual.

EL PECADO ENGENDRA PECADO

Ariely pasa a escribir acerca de cómo un solo acto de engaño no es una minucia, porque acaba definiendo el modo en que nos vemos a nosotros mismos. Somos almas. Todo está conectado. Ese engaño singular determina cuánto vamos a permitir que nuestras normas retrocedan y aun así considerarnos personas básicamente buenas. Todo acto de hacer el mal (pecado) conduce a una mayor probabilidad de otra acción. Empieza con cosas tan pequeñas como quieras. Ubícate en la registradora expresa en el supermercado con demasiados artículos en tu carrito: diecisiete artículos en la registradora de doce o menos. Trata de abordar un avión cuando todavía no es el turno de tu grupo. «No hago trampas. Estoy apurado. Soy demasiado importante como para esperar mi turno». Algo tan pequeño como unas gafas ahumadas de imitación deja su huella en la balanza de tu alma.

Una vez que racionalizas ese primer pecado, eso hace más probable que digas: «Fue el tráfico», cuando no lo fue. Hace más probable que afirmes: «Estoy seguro de que envíe ese correo electrónico», cuando sabes que no lo hiciste. Y si lo dices con suficiente frecuencia, llegarás a recordar y creer que lo enviaste en realidad. Hace más probable que hagas trampas en la cuenta de gastos o infles tu hoja de vida. ¿Es acaso sorpresa que los lugares de trabajo están repletos de personas chismosas, descreídas, criticonas, que exageran sus propias contribuciones y minimizan las de los demás? Toleramos la envidia, el sabotaje y la codicia, pero solo lo suficiente como para que podamos sentirnos bien en cuanto a nosotros mismos, ya que somos buenas personas.

A veces hacer lo malo se incrementa tanto que ya no es posible racionalizarlo. Cuando eso sucede, la respuesta común no es el arrepentimiento. Las personas no dicen: «Oh Dios, ¿cómo pudo suceder esto? ¿Cómo pude ser capaz de hacer tal cosa?». Lo que sucede es probablemente lo mismo que ocurre cuando sigues una dieta. Si haces trampas de forma moderada por un tiempo, pensarás que sigues cumpliendo la dieta. No obstante, si alguien lo echa a perder en grande, lo que sucede a menudo es que en su mente dirá: «Pues bien, ya lo eché a perder, así que dará lo mismo que simplemente me dé un atracón y coma todo lo que se me antoja».

Cuando cruzo esa línea donde ya no puedo fingir, por lo general lo que sucede es que la conducta moral colapsa por completo. Esto se ve a veces en las compañías plagadas por el escándalo o ejecutivos corruptos, en las familias abusivas y la pesadilla del abuso sexual de niños. Incluso en las palabras increíblemente hirientes lanzadas contra alguien que no se ve o piensa como nosotros. Se llega al punto donde uno sabe que lo que hace está mal, pero ya no le importa. Esto se ve en culturas enteras: Ruanda. Corea del Norte. La Rusia de Stalin. El tercer Reich.

¿Sabes qué nombre se le da a este efecto en la investigación psicológica? Se le llama el efecto «Qué importa». Ya no puedo fingir, así que lo mejor será ceder a mis deseos y gratificarme con lo que quiero, sin que interesen las consecuencias. ¿Cuáles pudieran ser esas consecuencias? ¿Qué importa? Esa dinámica está presente no solo en las malas empresas, aquellos ejecutivos de alto perfil y esos horribles regímenes. Está justo aquí. En mí. En ti. ¿Qué importa?

El alma puede soportar solo cierta cantidad de verdad. Tal vez es como tener un hijo: si alguien en realidad supiera el costo de antemano, nadie jamás lo tendría. De la misma manera, si pudiera conocer lo profundo de mi propio autoengaño y egocentrismo, quizás me daría por vencido en cuanto a la posibilidad de cambiar antes de empezar. Sin embargo, hay esperanza, porque como Francois Fénelon nos recuerda: «Dios es misericordioso, mostrándonos nuestra verdadera perversidad solo en proporción al valor que él nos da para soportar la visión». Y el profeta Jeremías también ofrece testimonio: «Tan amargo como la hiel es pensar en mi aflicción y mi tristeza, y lo traigo a la memoria porque mi alma está del todo abatida». El alma recuerda cosas que yo olvido.

Vi a mi consejero de la facultad superior de psicología hace poco. Me recordó una ocasión en que yo había hecho unas prácticas y recibido una evaluación bastante negativa. No me acordaba para nada de qué estaba hablando.

Él me lo recordó con más detalles, disfrutándolo un poco más de la cuenta. Sin embargo, no había nada registrado en mi cerebro. Mi consejero todavía tenía la carpeta en que se habían señalado mis deficiencias. Allí estaba mi nombre.

¡Ah, sí! Mientras él hablaba, me di cuenta de que no era coincidencia que yo simplemente lo hubiera olvidado (o más precisamente, «lo hubiese sacado de mi pensamiento»). Una evaluación negativa no encajaba con la imagen de logro positivo que tenía de mí mismo. Así que hice lo razonable y hallé la manera de olvidar la realidad a fin de poder conservar la imagen. Había otra alternativa, por supuesto. Podía haber dado un paso atrás en mis sentimientos y estado dispuesto a enfrentar la realidad.

Mi alma estaba tratando de decirme algo: «¡No actúes como un terapeuta!».

Pudiera haberme ahorrado montones de tiempo y dinero si hubiera estado dispuesto a prestarle atención. No obstante, eso era demasiado amenazador para mi sentido de valía. Así que lo olvidé durante veinticinco años hasta que recordé que ya no me costaría nada. Por otro lado, cuando mi mente se concentra en lo que es bueno, el poder integrador del alma llama a mi voluntad para que lo escoja y a mi cuerpo para que lo viva.

Sin embargo, hay otro experimento que ofrece cierta perspectiva en cuanto al alma. Este incluyó a 450 estudiantes universitarios de la UCLA. Los investigadores los dividieron en dos grupos y le pidieron a un grupo que recordara un asunto trivial: diez libros que tuvieron que leer como asignación en la secundaria. Al otro grupo le solicitaron que intentara recordar los Diez Mandamientos. Los universitarios del grupo que debía memorizar los diez libros siguieron la típica costumbre ampliamente extendida de hacer trampas. Los estudiantes del grupo de los Diez

«La ley del SEÑOR es perfecta: reanima el alma». Eso no quiere decir que las reglas morales puedan transformar a un ser humano, pero sí significa que el alma fue hecha para amar y hacer la voluntad de Dios.

Mandamientos no hicieron ninguna trampa. El mero hecho de tratar de recordar los Diez Mandamientos los hizo pensar: «He sido hecho para algo mejor». Esto ocurrió a pesar de que ni un solo universitario en el grupo de los Diez Mandamientos pudo recordarlos todos.

«La ley del Señor es perfecta: reanima el alma». Eso no quiere decir que las reglas morales puedan transformar a un ser humano, pero sí significa que el alma fue hecha para amar y hacer la voluntad de Dios.

UN ANSIA DE BONDAD
DADA POR DIOS

La convicción no es simplemente resultado del dolor de que nos pillen o el dolor por las consecuencias. Significa un sentido realmente sobrio dado por Dios de remordimiento por aquello con respecto a la cual debería sentirme arrepentido. Es un ansia de bondad dada por Dios.

El hijo pródigo vuelve en sí. El poderoso rey David se doblega ante la frase: «Tú eres el hombre». Una pecadora que anhela el perdón baña los pies de Jesús con sus lágrimas. De la misma manera que el estómago ansía comida, la conciencia ansía ser limpiada. Se trata de un anhelo de bondad dada por Dios.

Durante la época más dolorosa de nuestro matrimonio, a menudo miraba un retrato de nuestros hijos. Hay una antigua oración que dice: «Dios, ayúdame a ser el hombre que mi perro piensa que soy». Creo que ni incluso el perro estaba muy impresionado conmigo en ese entonces. No obstante, cuando observé a nuestros hijos, de alguna manera esto me recordó al hombre que quería ser. De alguna forma, mirar sus caras me hizo ver tanto el alma que era como la que quería ser. Me hizo ansiar convertirme en una mejor persona.

Conversé con Dallas y Jane durante una visita que resultó dolorosa, pero había esperanza en medio del dolor. Existe un dolor que significa que las cosas están desbaratándose. No obstante, a veces hay un dolor que indica que las cosas a lo mejor pueden volver a reorganizarse. La cirugía puede ser tan dolorosa como apuñalar, pero conduce a sanar. Yo sabía que estaba empezando a sanar.

Contrasté el dolor que estaba dándome sanidad con el de una familia que he conocido por siempre y había asistido a la iglesia cada semana de sus vidas. Ambos padres murieron en su vejez. Resultó que la mamá había sido desesperadamente desdichada, comentando cuánto deseaba haberse casado con algún otro. Al mismo tiempo, el padre había estado viviendo una vida secreta. Nadie lo sabía. Nadie lo supo sino hasta después que murió, al descubrirse fotografías que revelaban su engaño. Sus hijas se sintieron desdichadas. Había existido un patrón de engaño y dolor. Así que consideré mi dolor como algo apreciado, porque eso quería decir que ya no me engañaba a mí mismo. Mi alma estaba respondiendo a su ansia de bondad dada por Dios.

Dejé Box Canyon en esa ocasión hace tantos años y regresé a casa para hablar con mi esposa. Me sentía como Humpty Dumpty, tratando de volver a armar lo que todos los caballos y hombres del rey no podían. No obstante, el alma te sorprende a veces.

PARTE 2

LO QUE EL ALMA NECESITA

CAPÍTULO 6

NECESITAR ES LA NATURALEZA DEL ALMA

En la comedia *¿Qué tal Bob?* de 1991, Bill Murray interpreta el personaje que se menciona en el título, un individuo neurótico, fóbico, obsesivo compulsivo, con innumerables necesidades. Aquí lo cito (de memoria): «Problemas para respirar. Problemas para tragar. Labios adormecidos. Sensibilidad en las uñas. Incomodidad pélvica. ¿Qué tal si mi corazón deja de latir? ¿Qué tal si busco un inodoro y no puedo hallarlo, y mi vejiga explota?». Richard Dreyfuss representa al terapeuta exasperado, impaciente, que no puede librarse de atenderlo.

Tu alma es Bob. Tú eres Richard Dreyfuss. Necesitar es la naturaleza del alma.

La voluntad es una forma de energía. Puedes impulsar, estirar y empujar la voluntad. La mente tiene una capacidad interminable de pensar y sentir. Puedes dirigir tu atención. Puedes concentrarte y estudiar. El cuerpo constituye tu pequeña batería de poder. Puedes imponerle demandas a tu cuerpo. Puedes ejercitarlo, fortalecerlo, perfeccionarlo y obligarlo a que corra por kilómetros.

Sin embargo, necesitar es la naturaleza del alma.

El alma es como el rey en un tablero de ajedrez. El rey es la más limitada de las piezas de ajedrez, pues solo puede moverse un cuadro a la vez. No obstante, si pierdes al rey, el juego se acaba. Tu alma es vulnerable porque está necesitada. Si suples esas necesidades con las cosas equivocadas, el juego se acaba. O por lo menos no marcha bien.

UN HOMBRE NECESITADO

Un gran erudito llamado Hans Walter Wolff escribió un estudio clásico sobre cómo los escritores del Antiguo Testamento entendieron a la persona. Él explicó que la palabra *carne* quiere decir la forma corporal de la humanidad con su mortalidad, fuerza física y limitaciones. *Ruaj*, la palabra hebrea para «espíritu», habla de los seres humanos conforme son fortalecidos: existencia humana con aliento, voluntad e inspiración. El capítulo de Wolf sobre *nefesh* —la palabra hebrea para «alma»— lo tituló «Hombre necesitado». Otro nombre para *nefesh* es Bob. Tu alma es un hombre necesitado, una mujer necesitada.

Tomás de Aquino escribió que esta necesidad del alma apunta a Dios. Somos limitados prácticamente en todo: en nuestra inteligencia, nuestra fuerza, nuestra energía, nuestra moralidad. Hay solo un aspecto en el que los seres humanos resultan ilimitados. Como Kent Dunnington lo expresa: «Somos limitados en todo aspecto excepto uno: tenemos un deseo ilimitado». Siempre queremos más: más tiempo, más sabiduría, más belleza, más vídeos divertidos en YouTube. Esto representa el alma clamando. Nunca tenemos lo suficiente. La verdad es que la capacidad infinita del alma para desear es la imagen que refleja la capacidad infinita de Dios para dar. ¿Qué tal si la razón real por la que sentimos que nunca tenemos lo suficiente radica en que Dios no ha terminado de dar? La condición ilimitada del alma para necesitar corresponde a la gracia ilimitada de Dios.

Todos cometemos idolatría todos los días. Se trata del pecado del alma que suple sus necesidades con alguna cosa que la distancia de Dios.

No obstante, el problema de nuestra alma no es su condición necesitada, sino nuestra condición caída. Nuestra necesidad tenía el propósito de señalarnos a Dios. En lugar de eso, aferramos nuestras mentes, cuerpos y voluntades a otras fuentes de devoción suprema, algo a lo que la Biblia le llama idolatría. La idolatría es el pecado más serio en el Antiguo Testamento, lo cual condujo a un erudito a concluir que el principio primordial del Antiguo Testamento es la refutación de la idolatría. La idolatría, de acuerdo al escritor Timothy Keller, es el pecado debajo del pecado. Cada vez que peco, estoy permitiendo que algún deseo competidor tenga una prioridad más alta que Dios y su voluntad para mi vida. Eso quiere decir que en ese momento he puesto algo en un pedestal más alto que Dios. Ese algo es mi ídolo. Todo pecado incluye la idolatría.

Todos cometemos idolatría todos los días. Se trata del pecado del alma que suple sus necesidades con alguna cosa que la distancia de Dios.

Y tenemos otro problema. A menudo no sabemos a qué están verdaderamente dedicadas nuestras almas. La mayoría de las personas, en especial las personas religiosas, probablemente dirían que sus almas están dedicadas a Dios, un llamamiento más alto o un ideal. Queremos creer que eso es cierto incluso mientras dedicamos nuestras almas a alguna otra cosa. Considera lo más sinceramente posible los siguientes enunciados. Si alguno de ellos se parece aunque sea un poco a tus pensamientos, es muy posible que hayas descubierto la verdadera devoción de tu alma:

- Pienso mucho en el dinero, en cómo ganar más. A veces me hago ilusiones en cuanto a sacarme la lotería o recibir una gran herencia. Tengo una lista mental de las cosas que me gustaría comprar si el dinero no fuera un problema.
- Quisiera tener más poder y control sobre otros. Parece como si mi cónyuge e hijos simplemente no me respetaran lo suficiente. Lo mismo en mi trabajo. Sé que manejaría tal poder con cuidado. Simplemente me gustaría ser una persona más poderosa.

- Me he perdido importantes sucesos de familia a fin de perseguir mi carrera. Lo justifico diciéndome a mí mismo y mis familiares que eso es lo que se necesita a fin de proveer para ellos. Me digo a mí mismo que si continúo trabajando duro, llegaré a un nivel donde podré relajarme un poco y pasar más tiempo con mis seres queridos.

- Me considero una persona honrada, alguien con buenos valores. Sin embargo, dejaría a un lado esos valores para perseguir algo importante para mí si supiera que nadie más lo sabría.

- Tengo deseos que preferiría que mi cónyuge no supiera. Si me confrontan con respecto a cualquiera de esos deseos, me pongo a la defensiva y trato de justificarlos.

- Tengo secretos por los que estoy dispuesto a mentir a fin de protegerlos.

- Más de una vez he tenido discusiones por algo que quería hacer, pero mi cónyuge no. O con respecto a algo que yo quería comprar, pero que mi cónyuge pensaba que no debía hacerlo.

- Aparte de mi familia y otros a quienes quiero, hay cosas en mi vida que si se perdieran o destruyeran, me aplastarían y devastarían.

- Si el médico me dijera que tengo que dejar (licor, cigarrillos, carne roja, sal o sodio, azúcar, cafeína, etc.) debido a que está poniendo en serio riesgo mi salud, lo hallaría difícil, incluso al punto de ser imposible. Probablemente no le diría a nadie para impedir que me exigieran rendir cuentas.

- Si le preguntaran a mi familia lo que es más importante para mí, es probable que se referirían a mi trabajo, mi pasatiempo favorito, ganar dinero. Tal vez no dirían que son ellos.

- *Amo a Dios y quiero seguirlo más de cerca, pero hay algo que siempre parece interponerse en el camino y es* _____.

Si tu alma está dedicada a algo que llega a ser para ti más importante que Dios, ese es tu ídolo. El alma no puede abandonar a su ídolo por pura fuerza de voluntad. Es como un alcohólico tratando de volverse sobrio prometiéndose a sí mismo que nunca más volverá a beber. Eso nunca resulta. De muchas maneras, a lo que la Biblia le llama idolatría nosotros le llamamos adicción. Uno puede ser adicto y jamás tocar una gota de alcohol o un gramo de cocaína. Cosas buenas como la comida, ir de compras, la recreación, los pasatiempos y el placer pueden pasar de manera imperceptible de ser un disfrute casual a convertirse en una adicción. Conozco hombres que compran barcos costosos y luego se sienten obligados a estar en el agua todo fin de semana, no tanto porque disfruten de la «navegación en serie», sino porque si están gastando tanto en algo, será mejor que lo disfruten. Los ídolos siempre nos alejan de nuestra libertad.

> *Allí es donde entra la gracia. No puedo reemplazar a un ídolo alejándome de él. Tengo que volverme hacia algo.*

Allí es donde entra la gracia. No puedo reemplazar a un ídolo alejándome de él. Tengo que volverme *hacia* algo.

Como Timothy Keller lo expresa: «Todos somos gobernados por una pasión abrumadoramente positiva». Él ofrece un ejemplo. En el libro de Génesis, un joven llamado Jacob conoce a una joven llamada Raquel y le dice al padre de la chica que quiere casarse con ella. Se ofrece a trabajar para Labán siete años si puede casarse con Raquel. Labán le dice que sí: «Así que Jacob trabajó siete años para poder casarse con Raquel, pero como estaba muy enamorado de ella le pareció poco tiempo». Jacob descubrió que el tiempo es relativo mucho antes que Albert Einstein dijera nada al respecto. Cada día durante siete años Jacob no simplemente se presentó a trabajar, sino lo hizo con una canción en su corazón. ¿Por qué siete años le parecieron poco tiempo? Porque experimentaba una pasión abrumadoramente positiva, y eso lo cambia todo.

Zaqueo sentía una pasión abrumadoramente positiva por el dinero. Como cobrador de impuestos para Roma, abandonó sus relaciones personales, integridad y honor por su ídolo.

Luego un día conoció a Jesús.

«Hoy voy a devolverle cuadruplicado a todo el que haya enga-
ñado, y voy a dar la mitad del resto de mi dinero a los pobres», dijo
Zaqueo. ¿Qué lo condujo a hacer eso? Experimentaba una nueva
pasión abrumadoramente positiva.

El alma debe girar alrededor de algo diferente a sí misma, algo
que pueda adorar. Necesitar es la naturaleza del alma.

ABRUMADO POR LA NECESIDAD DEL ALMA

Lo que el alma verdaderamente desea es a Dios. Podemos tratar de
suplir esta necesidad con otras cosas, pero el alma nunca está satisfecha sin Dios. El salmista describe esa necesidad en términos de
perder el sentido: «Anhelo y hasta desfallezco de deseo por entrar
en los atrios del SEÑOR».

Cuando yo era joven y pastor asociado en mi primera iglesia, el
pastor principal (también llamado John) me invitó a que predicara
el domingo por la mañana. Cuando llegó el momento del sermón,
pasé al púlpito, pero a los cinco minutos de prédica me desmayé por
completo. La plataforma era de mármol, así que me estrellé duro
contra el suelo, produciendo un tremendo estruendo. Después del
culto le pedí disculpas a John. Me sentía horrible, ya que era una
iglesia bautista, no una iglesia carismática donde uno recibe crédito
por esa clase de cosas.

«Lo entenderé si nunca más me pides que predique», le dije.

«No seas ridículo», respondió, y en pocas semanas me pidió de
nuevo que lo hiciera. Y una vez más me desmayé.

Estaba seguro de que todo había acabado para mí en esa iglesia,
pero él me pidió de nuevo que predicara a la semana siguiente.
Incluso mencionó que iba a pedir que cubrieran el piso de mármol
con una alfombra para proteger mi caída, solo por si acaso.

«Voy a seguirte pidiendo que prediques hasta que dejes de des-
mayarte o eso te mate».

A pesar de todos los años que han pasado, acabo de recibir una
carta de esa iglesia en la que me preguntan si podría predicar para

su septuagésimo quinto aniversario. John se jubiló hace muchos años, pero el pastor actual me escribió: «La gente aquí todavía te recuerda... y pensé que eso era muy bueno... como el predicador que se desmaya».

No pienso que esto es lo que el salmista tenía en mente cuando dijo que su alma desfallecía al anhelar a Dios. Me río cada vez que recuerdo esos primeros esfuerzos por predicar, pero eso también ofrece un recordatorio gráfico de la necesidad más profunda de mi alma. Desmayarse es algo que asusta. Mi desmayo habla más en cuanto a mis nervios que sobre mi deseo por Dios. A menudo me he preguntado cómo sería querer a Dios tan profundamente que eso lo lleve a uno a desmayarse.

Hay otro recuerdo lleno de gracia acerca de esta iglesia que todavía estremece mi alma. En esa iglesia conocí a una mujer que atrajo mi atención. Siempre había pensado que si alguna vez me iba a casar, sería con una joven de la región del medio oeste de la nación, pero entonces conocí a esa joven de California en esa iglesia. Era tan hermosa que nunca pensé que una mujer que se viera así iba a querer salir conmigo alguna vez. Y a decir verdad, esa mujer en particular *en efecto* jamás lo hizo.

Sin embargo, luego conocí a Nancy por medio de esa iglesia, y ella era incluso más hermosa. Nancy no solo salió conmigo, sino que se convirtió en mi esposa. Ahora tenemos hijos californianos y un perro californiano, y sirvo en una iglesia californiana.

Me alegra que Dios tenga sentido del humor. Eso es bueno para el alma.

ACEPTA LA CONDICIÓN NECESITADA DE TU ALMA

Cuando hablo con mi alma, a veces la llamó «Bob» para recordarme a mí mismo ser paciente con ella. La necesidad que Bob tiene de Dios es enorme, pero eso está bien. La condición necesitada de Bob solo invita más a la generosidad divina. Él no se va a ir a ninguna parte. Además, extrañamente, como que a la familia le gusta.

Nuestra alma empieza a crecer en Dios cuando reconocemos nuestra necesidad básica.

Nuestra alma empieza a crecer en Dios cuando reconocemos nuestra necesidad básica.

Francois Fénelon fue un brillante escritor espiritual y un clérigo exitoso que se enfrentó al rey Luis XIV de Francia y permitió que lo desplazara como tutor real. Vivió en desgracia en el exilio. Sin embargo, en medio de la oscuridad y la humillación, su alma prosperó. Él entendió la condición de su alma:

A fin de hacer tu oración más provechosa, harás bien desde el principio en imaginarte a ti mismo como un pobre infeliz, desnudo y desdichado, pereciendo de hambre, que conoce solo a un hombre al que puede pedirle ayuda o del cual esperarla; o como un enfermo cubierto de llagas y listo para morirse a menos que algún médico compasivo lo tome en sus manos y lo cure. Estas son verdaderas imágenes de nuestra condición delante Dios. Tu alma está más desprovista del tesoro celestial que lo que el pordiosero pobre lo está de las posesiones terrenales. Tu alma está infinitamente más enferma por el pecado que el paciente plagado de llagas, y solo Dios puede sanarte.

A las personas buenas, especialmente a las personas de fe, no les gusta pensar de sí mismas como «pordioseros pobres» que están «enfermos por el pecado». Suplimos los deseos de nuestra alma con todo lo que contrarresta esa imagen, tratando de convencernos a nosotros mismos de que todo marcha bien con nuestras almas. No es así. Nuestras almas desfallecen, anhelan y claman a Dios.

¿Cómo respondemos cuando entendemos la condición necesitada de nuestras almas?

CAPÍTULO 7

EL ALMA NECESITA UN CUIDADOR

Yo y nadie más soy responsable por la condición de mi alma.

Apenas cumplidos los cincuenta se me ofreció un tiempo sabático: siete semanas sin nada que hacer. Los ancianos de nuestra iglesia me invitaron a que lo aceptara. En realidad, insistieron en que lo hiciera. Lo necesitaba, porque estaba llegando a sentirme cada vez más frustrado, impaciente y preocupado. Sentía como si tuviera demasiado por hacer, y ni el tiempo suficiente ni la capacidad para llevarlo a cabo. Estaba obsesionado por las cosas externas que necesitaban hacerse a mi alrededor. Operaba bajo la presuposición no confesada de que mi mundo externo se llenaría de vida, paz y gozo una vez que mi mundo externo fuera perfecto. Esa es una gran receta para un alma saludable, siempre y cuando uno viva en un mundo perfecto.

Durante mi sabático, fue fácil «eliminar implacablemente la prisa de mi vida», como mi amigo y mentor Dallas Willard con tanta sabiduría aconsejó. Me descubrí pensando que soy mejor persona cuando estoy en un tiempo sabático que cuando me encuentro trabajando para Dios en una iglesia, y sabía que por supuesto eso resultaba errado. Empecé a formarme una nueva meta: quería sentirme tan relajado como cuando estaba de vacaciones y a la vez ser tan productivo como lo era en el trabajo.

Había solo un lugar para aprender sobre eso. Así que conduje de nuevo a Box Canyon. Tenía un día entero para pasar con Dallas. Le dije que me sentía frustrado porque la gente de la iglesia en que servía no cambiaba más. Le pregunté qué necesitaba hacer para ayudar a nuestra iglesia a experimentar niveles más altos de crecimiento espiritual.

> *Debes disponer tus días de modo que disfrutes de un profundo contentamiento, gozo y confianza en tu vida diaria con Dios.*
>
> **DALLAS WILLARD**

Larga pausa...

—Debes disponer tus días de modo que disfrutes de un profundo contentamiento, gozo y confianza en tu vida diaria con Dios —dijo al fin.

¿Qué?

—No —lo corregí—. No estaba haciendo preguntas sobre mí. Estaba preguntando acerca de otras personas. Me preguntaba qué necesito lograr que la iglesia haga. Estaba pensando en algún libro que todos deberían leer, o un programa que todos deberían seguir, o un sistema de oración con el que todos deberían comprometerse.

—Sí, hermano John —dijo con gran paciencia y cariño—. Sé que estabas pensando en esas cosas. Sin embargo, no es eso lo que ellos más necesitan. Lo principal que tú le das a la congregación, tal como lo principal que le das a Dios, es la persona que llegas a ser. Si tu alma no goza de salud, no puedes ayudar a nadie. No puedes enviar a un médico con neumonía a que atienda a pacientes con desórdenes inmunológicos. Tú, y nadie más, eres el responsable del bienestar de tu propia alma.

—Estoy tratando —indiqué—. Aprendí hace mucho la importancia de tener un tiempo de quietud cuando leo la Biblia y practico mis devociones diarias. Hago todo lo que puedo para empezar cada día de esa manera.

—Yo no dije nada acerca de tener un tiempo de quietud —me corrigió él de nuevo con suavidad—. La gente en las iglesias, incluyendo a los pastores, se ha visto destrozada por la culpabilidad al no tener un tiempo regular de quietud o sus devociones diarias. Y entonces, incluso cuando ponen esto en práctica, hallan que en realidad no conduce a un alma saludable. Tu problema no son los primeros quince minutos del día. Son las siguientes veintitrés horas y cuarenta y cinco minutos. Debes ordenar tus días de modo que disfrutes de un contentamiento total, gozo y confianza en tu vida diaria con Dios.

—Pero, ¿cómo puedo tener contentamiento, gozo y confianza total? —respondí—. Mi trabajo ni siquiera se acerca a ser lo suficiente bueno. Muchos no están contentos conmigo. Resulto inadecuado como pastor, esposo y padre. Todas las semanas llevo la carga de predicar un sermón y saber que tendré que sentir el dolor si no sale bien.

—Yo no dije que deberías experimentar contentamiento total, gozo y confianza debido a la asombrosa aptitud de tu competencia o las circunstancias asombrosamente exitosas de tu vida. Se trata de un contentamiento total, gozo y confianza en tu experiencia diaria con Dios. Solo esto hace saludable a un alma. Esta no es tarea de tu esposa. Esta no es tarea de tus ancianos. Esta no es tarea de tus hijos. Esta no es tarea de tus amigos. Esta es tu tarea.

El arroyo es tu alma. Y tú eres el cuidador.

LA LEY DE LAS CONSECUENCIAS

Este es el mensaje de uno de los capítulos más importantes y retadores de la Biblia. La antigua práctica de considerar a los hijos culpables por las trastadas de los padres provocó confusión en cuanto a toda la idea de la responsabilidad del alma. Así que la palabra del Señor vino al profeta Ezequiel:

¿Qué pensáis vosotros, los que usáis este refrán sobre la tierra de Israel, que dice: los padres comieron las uvas agrias, y los dientes de los hijos tienen la dentera? Vivo yo, dice Jehová el Señor, que nunca más tendréis por qué usar este refrán en

Israel. He aquí que todas las almas son mías; como el alma del padre, así el alma del hijo es mía; el alma que pecare, esa morirá.

Luego Dios presenta unos pocos casos largos de estudio para ilustrar su significado, y para que nadie deje de comprenderlo, lo repite: «El alma que pecare, esa morirá».

Esto es lo que pudiéramos llamar la Realidad 101 cuando se trata del alma. Es la ley de las consecuencias. Pablo lo dice de esta manera: «Cosechas lo que siembras». Incluso los que nunca han leído la Biblia ni asistido a una iglesia pueden repetir ese versículo, aunque probablemente no tengan ni la menor idea en cuanto a de dónde sale. Principalmente nos gusta decir eso como una advertencia a otros. Al parecer creemos que por algún tipo de magia, la ley de las consecuencias no se aplica a nosotros.

- Puedo gastar sin meterme en deudas.
- Puedo mentir sin que me atrapen.
- Puedo dejar que mi mal genio se desboque sin dañar mis relaciones personales.
- Puedo tener una mala actitud en el trabajo y salirme con la mía.
- Puedo dejar de disciplinar a mis hijos sin que ellos se malcríen.
- *Puedo descuidar la Biblia y aun así conocer a Dios.*

Nuestra capacidad para vivir negando la ley de las consecuencias es enorme y resulta dañina para el alma. En la Biblia le lleva a Dios largo tiempo enseñarle a la raza humana acerca de esto. Una de las maneras en que trata de enseñar este concepto es por medio de una breve narración oscura y en realidad extraña que empieza en el libro de Jueces.

Cuando el libro empieza, Israel está peleando: «Allí [en Bézec] se toparon con Adoní Bézec y pelearon contra él, y derrotaron a los cananeos y a los ferezeos. Adoní Bézec logró escapar, pero lo persiguieron hasta que lo alcanzaron, y le cortaron los pulgares de las manos y los dedos gordos de los pies».

No estoy inventando esto.

Mientras era niño y asistía a la escuela dominical, nuestra principal tecnología educativa se llamaba el franelógrafo. No recuerdo haber visto alguna vez a este personaje de nombre Adoní Bézec sin pulgares y sin dedos gordos de los pies. Parece una manera u poco sangrienta de empezar un libro de la Biblia. No obstante, según he aprendido a través de los años de leer, estudiar y enseñar la Biblia, siempre hay una buena razón para cualquier cosa que consta en las Escrituras. En este caso, si aprendes de este relato, en realidad puede ahorrarte un mundo de dolor.

Adoní Bézec exclamó: «¡Setenta reyes, cortados los pulgares de las manos y los dedos gordos de los pies, recogían migajas debajo de mi mesa! ¡Ahora Dios me ha pagado con la misma moneda!».

La vida era violenta en ese entonces, pero aun así esto era una tortura a gran escala. Adoní Bézec cortó pulgares y dedos gordos de los pies, no una vez, sino setenta veces. Esta era su firma. Entonces, para intensificar la humillación de tales reyes rivales, les daba de comer haciéndoles recoger migajas debajo de la mesa.

Estaba sembrando terror y crueldad, y saliéndose con la suya.

Hasta que un día...

Ahora *él* es el antiguo rey sin pulgares ni dedos gordos de los pies que se encuentra debajo de la mesa. Sin embargo, nota algo. Él no dice: «Israel me hizo esto», sino afirma: «Dios me ha pagado con la misma moneda». Todos esos años, toda esa tortura, todas esas víctimas... alguien las estaba observando todo el tiempo. No se trata simplemente de que haya una Ley de las Consecuencias en el universo. También en él hay un Dios de Justicia. «No se engañen: de Dios nadie se burla. Cada uno cosecha lo que siembra». Y la arena primaria en la cual esto constituye una verdad es ese pequeño lote de terreno que ha sido puesto bajo tu cuidado: tu alma. Un alma que no se guarda apropiadamente con certeza morirá.

GUARDA TU ALMA HABLÁNDOLE

La formación del alma es el proceso más importante del universo. John Keats escribió: «Llámale a este mundo si te place "el valle de la hechura del alma"». En nuestros días hablamos mucho acerca de dialogar con uno mismo. Se escriben libros en cuanto a la importancia de ello. Al parecer, esa es una parte realmente importante de la condición humana. Toda persona aquí habla consigo misma. En la Biblia, las personas hablan con sus almas. La diferencia entre hablar con uno mismo y hablarle al alma es que el alma existe en la presencia de Dios. Así que verás en Salmos y otras partes a las personas hablando con sus almas, porque cuando uno le habla al alma, naturalmente esto se convierte en una oración, ya que en el alma Dios siempre está presente.

Tu alma no es lo mismo que tus emociones. Vivimos en un mundo donde se nos estimula a pensar que nuestros sentimientos dominan nuestra vida y somos impotentes con respecto a ellos. No obstante, incluso la investigación contemporánea indica el poder que Dios ha puesto en el alma para ser señora de nuestras emociones. En un estudio, los investigadores les presentaron a los individuos imágenes de rostros coléricos. A la mitad de los participantes se les dijo simplemente que observaran las caras. A la otra mitad se le instruyó que clasificaran la emoción de cada fisonomía. El simple hecho de definir la emoción redujo su impacto emocional en el estado de ánimo de los individuos que participaron en el estudio. Esto también redujo la activación de la región cerebral asociada con la emoción primitiva fuerte.

Normalmente, cuando estamos furiosos por algo, decimos entre dientes: «Pues bien, eso con certeza fue una insensatez, soberano tonto». Nos aporreamos a nosotros mismos o, aun peor, a otros. Podemos hallar un alivio temporal, pero el alma sigue clamando atención. La próxima vez que hagas una trastada, cuando te sientas asustado, cuando estés insatisfecho, en lugar de tener una charla insulsa contigo mismo, habla con tu alma: «¿Por qué tienes miedo, oh alma mía?». Al principio puede parecerte algo tonto, pero recuerda, tú eres el guardador de tu alma. Solo tú.

No hace mucho en realidad me enfurecí contra alguien. Finalmente, de manera literal me detuve en seco, porque estaba demasiado inmerso en mi cólera, y dije: «Alma, ¿por qué estás tan furiosa?». Algo interesante sucedió. Hallé que justo al empezar a orar, era como si Dios me dijera: «John, tú no eres tu cólera». Fue como si mi alma tuviera un lugar para pararse junto a Dios y que pudiéramos hablar sensiblemente en cuanto a mi cólera, incluso mientras se escurría de mi alma.

> *Cuando le digo a mi alma: «¿Por qué estás furiosa, oh alma mía?», eso en realidad cambia mi cerebro.*

«Yo soy el amo de mi destino: soy el capitán de mi alma».

No, yo soy su guardador, no su capitán. Yo no la hice, y no puedo salvarla de la muerte.

Por eso es que el cuidado del alma es una tarea diferente al cuidado de uno mismo. No cuido mi alma solo por amor a mí mismo. Es mía solamente en préstamo, y el plazo se vence pronto.

El salmista escribió que los bienaventurados son como árboles plantados junto a un río, que producen su fruto a su tiempo y cuyas hojas no se secan; ellos prosperan en todo lo que hacen. En el antiguo Medio Oriente los árboles eran raros. La lluvia resultaba escasa. Los desiertos eran abundantes. No obstante, si un árbol estaba plantado junto a un río, ya no dependía del clima incierto o las condiciones de la superficie del suelo. Podía florecer en todo tiempo, porque sus raíces permitían que el agua fluyera a cada una de sus partes para darle vida. Uno no podía ver las raíces, pero tampoco podía ignorar las hojas verdes o el fruto fresco.

Tal como en la breve parábola con la que se le dio inicio a este libro, nuestra alma es como un arroyo interno de agua que le ofrece fuerza, dirección y armonía a todo otro aspecto de la vida.

¿QUÉ ESTÁ BLOQUEANDO EL ARROYO?

Había una vez dos hermanos que no podía llevarse bien. Ellos crecieron juntos, jugaron juntos, pelearon juntos, rieron juntos; tal vez hasta disfrutaron de una relación muy estrecha.

Sin embargo, cuando crecieron y sus padres murieron, tuvieron una discusión sobre cómo dividir la herencia. Se hizo tan fuerte que ya no pudieron llevarse bien; el dinero fue más importante que el amor de un hermano por el otro.

Uno de ellos, el menor, que no tenía ninguna influencia, decidió buscar ayuda externa. Fue a ver a un rabino: «Maestro, dile a mi hermano que comparta la herencia conmigo».

El maestro era Jesús, pero él no sirvió de árbitro; más bien hizo una advertencia y luego contó una historia. La advertencia fue que la vida de una persona no consiste en la abundancia de sus posesiones. La historia se relacionaba con un agricultor acomodado que recogió una cosecha abundante un año. Entonces le dijo a su alma: «Alma mía, ya tienes bastantes cosas buenas guardadas para muchos años. Descansa, come, bebe y goza de la vida». Su vida se convirtió en un pueblo de categoría lleno de casas costosas. No obstante, Dios le dijo: «Necio, esta noche vienen a pedirte tu alma». Cuando Jesús dice que el alma del hombre será *pedida*, usa un vocabulario del mundo de los negocios, un término que describiría un préstamo que se ha vencido. Nuestras almas nos han sido prestadas. Un día Dios revisará con nosotros lo que nuestras almas han llegado a ser. Eso es lo que importará en nuestras vidas.

El arroyo es tu alma. Para que fluya libremente, el guardador del arroyo debe limpiarlo de todo lo que se vuelve más importante que Dios.

En lugar de representar a un pueblo humilde alimentado por un arroyo que da vida, la vida del agricultor se había convertido en un pueblo de categoría lleno de casas costosas. Eso llama mi atención. Seré feliz si poseo más dinero. Seré feliz si tengo ese momento de gratificación sexual. Seré feliz si puedo comprar un coche más llamativo. Seré feliz si puedo ganar más aplausos. Seré feliz si el mercado de valores es favorable a mi cuenta de jubilación. Me siento atraído a cualquier cosa que sea reluciente, brillante y nueva en el pueblo.

Siempre cuidaremos más aquello que valoramos más profundamente.

COCHES ABOLLADOS, ALMAS ABOLLADAS

Mi auto es un viejo Honda. Ha recibido tantos golpes que a menudo no noto uno nuevo. Un día salía de un sitio en un lote de estacionamiento muy atiborrado y oí el sonido de un metal raspando contra otro. No fue un ruido fuerte, así que esperé que eso indicara que no le había hecho ningún daño al otro auto. Me bajé del coche y vi un diminuto arañazo en el vehículo que apenas había tocado. No era una abolladura. No era una hendidura. Simplemente era un pequeño arañazo, algo que ignoraría si se tratara de mi propio auto. Sin embargo, ese no era mi automóvil. Pertenecía a otra persona. Y a diferencia del mío, no se trataba de una chatarra. Era un coche italiano.

Su nombre rima con Terrari.

Todo, excepto mi alma, me dijo que diera un rápido vistazo por el lote de estacionamiento para ver si alguien había visto lo sucedido, y que luego me subiera a mi auto y pusiera distancia entre mí y el coche con ese arañazo imperceptible.

Mi alma me dijo que tenía que dejar una nota.

Más tarde ese día, el dueño me llamó. Apreciaba que le hubiera dejado una nota, pero estaba decidido a restaurar su coche a la condición original. Un coche así no debía conducirse en tal estado. ¿Sabes cuánto cuesta restaurar la perfección de un Ferrari?

Intercambiamos varias llamadas telefónicas, todas muy corteses, aunque cada una significaba más malas noticias para mí. Luego recibí una última llamada del dueño de la perfección. «He decidido comprar un nuevo coche, así que no me debes nada».

Quise llamarlo otra vez y preguntarle si podía quedarme con el auto arruinado, pero decidí no tentar a mi suerte.

Incluso un Ferrari representa solo un arañazo en espera de suceder.

Vivimos en un mundo que nos enseña a preocuparnos más por las condiciones de nuestros autos, nuestras carreras o nuestros portafolios que por la condición de nuestra alma. Tal vez porque una abolladura en el alma se esconde más fácilmente que un auto estropeado. Quizás esto se debe a que un alma abollada es más difícil de arreglar. Y después de un tiempo, las abolladuras se amontonan y dejan de fastidiarnos. Casi ni las notamos. Una abolladura más no va a determinar una gran diferencia.

> Soy responsable de cuidar mi alma no simplemente por amor a mí mismo. La condición de mi alma afecta a las personas que me rodean, tal como cuando mi cuerpo está enfermo puede contagiar a otros que se acercan demasiado.

El guardador de tu alma es responsable por sus abolladuras. Tú eres el guardián de tu alma.

Un erudito lo expresa de esta manera: «Tanto por amor a sí mismo como por amor a la comunidad todo israelita debe cuidar muy bien de su propia alma». Si no hace eso en los puntos cruciales, esa alma será cortada. Repetidas veces en el libro de Levítico se le dice a Israel que si alguien no observa apropiadamente el sabbat o la pascua, si profana lo que es santo, o menosprecia los mandamientos, tal individuo «será eliminado de su pueblo». Esto puede parecer cruel, pero un alma con mala salud es como un cáncer en la comunidad. Cuido mi alma, porque si se enferma, contagiará a los demás. Lo has visto suceder. Como por ejemplo, cuando alguien viene a la oficina de mal genio y arroja su embrujo sobre todos.

He cuidado ligeramente mejor a mi alma que a los muchos animales que han pasado por mi vida. Tenemos en nuestra familia una larga historia de mascotas que no resultaron bien. Una de las primeras ocasiones en que conduje hasta la iglesia en Melo Park, donde ahora sirvo, lo hice desde el sur de California. Acabábamos de conseguir nuestro primer pececito dorado, y los peces no viajan bien, en especial los dorados. Ese pez dorado dio su vida por esta iglesia. Poco después conseguimos un pajarito para nuestra hija Mallory, ella lo llamó Jo-jo.

En cierta ocasión nos fuimos de vacaciones. Nancy y yo volvimos primero, mientras que nuestros hijos se quedaron con los abuelos. Los vecinos habían cuidado a Jo-jo por nosotros. Ellos nos devolvieron el pájaro, y lo habíamos tenido por un día o algo así cuando Nancy finalmente me dijo: «Creo que ese no es Jo-jo». Le contesté: «¿Piensas que nuestros vecinos mataron al pájaro, consiguieron otro de reemplazo, nos dieron el falso y nos mintieron para cubrirlo todo? ¿Piensas que realmente eso fue lo que sucedió?».

Y eso fue lo que en verdad sucedió.

Las cosas se pondrían mejor (o peor). Tuvimos que decirle a Mallory que Jo-jo se había muerto, y naturalmente ella quedó devastada. Insistió en un entierro, pero esto sucedió cuando vivíamos en Chicago y el suelo estaba congelado. Tendríamos que esperar hasta que la tierra se descongelara, lo que no ocurriría por otros seis meses. Durante seis meses el pobre diminuto Jo-jo reposó en el congelador, y cada vez que lo abríamos nos recordaba las consecuencias del engaño.

Guardo mi alma con cuidado, porque quiero dar vida y no muerte a los que me rodean.

TU ALMA ES PARA SIEMPRE

Jesús dijo: «No teman a los que matan el cuerpo [...] Teman más bien al que puede destruir alma y cuerpo en el infierno». Muchos quedarían espantados al saber que Jesús dijo algo como esto, porque piensan que él siempre decía palabras consoladoras, especialmente: «No temas». No las he contado, pero me han dicho que la frase «no temas» aparece más de 365 veces en la Biblia. Así que, ¿por qué de súbito nos está diciendo que temamos? Porque lo que está en juego es demasiado importante; el cuerpo a la larga envejece y se desgasta, pero el alma vive para siempre. Y la forma en que vives determina el destino de tu alma. No nos gusta pensar en esto, pero la Biblia enseña que un día compareceremos delante de Dios, que es el juez de nuestro destino eterno. Si vives tu vida en deliberada violación de su voluntad y sus caminos, tu alma a la larga será destruida al ser separada por completo de Dios. Esa fue la esencia de la advertencia de Jesús: protege tu alma. Guárdala. Aparta un tiempo en tu vida a fin de cuidarla.

Fui a Box Canyon para buscar maneras de mejorar a mi iglesia. Volví con una mayor comprensión de las necesidades de mi alma: tenía poco que ofrecerles a las personas de mi iglesia si no estaba atendiendo esas necesidades, no simplemente por quince minutos todas las mañanas, sino durante todo el día. Cada día. Escribí las palabras de Dallas en un pliego de papel y lo colgué encima de la puerta de mi oficina: «Ordena tus días de modo que disfrutes de un contentamiento total, gozo y confianza en tu vida diaria con Dios». Esas son las palabras que veo todas las mañanas cuando llego a mi trabajo.

El arroyo es tu alma. Y tú eres el cuidador.

CAPÍTULO 8

EL ALMA NECESITA UN CENTRO

Un día nublado en Florida, a fines del invierno del 2013, un hombre cuya familia había vivido en la misma casa por generaciones de súbito perdió la vida cuando un hundimiento tuvo lugar debajo de los cimientos de su hogar, lo cual hizo que el suelo colapsara y simplemente se tragara la edificación. Los expertos explican que en algunas partes de Florida la piedra caliza que se halla debajo de la superficie de la tierra está siendo disuelta lentamente por el agua de lluvia ácida. Cuando suficiente roca es carcomida, el vacío simplemente produce un colapso bajo el peso de lo que un cimiento inadecuado ya no puede sostener.

Gordon MacDonald escribió una vez sobre cómo lo que él llamó el «síndrome del hundimiento» tiene lugar en la vida humana. Este puede desatarse debido a un fracaso en el trabajo, una relación personal rota, la crítica severa de un padre o ninguna razón evidente. No obstante, se siente como si la tierra se hubiera hundido bajo los pies.

Resulta, escribió MacDonald, que en cierto sentido tenemos dos mundos que manejar: un mundo externo constituido por la carrera, las posesiones y las redes sociales; y un mundo interno que es más espiritual en su naturaleza, donde se seleccionan los valores y se forma el carácter, un lugar donde se puede practicar la adoración, la confesión y la humildad.

Debido a que nuestros mundos externos son visibles, medibles y ampliables, resultan más fáciles de manejar. Demandan nuestra atención. «El resultado es que nuestro mundo privado a menudo sufre, y se le descuida porque no grita tan fuerte. Puede ser ignorado de forma efectiva durante largos períodos de tiempo antes de que sufra un colapso y se produzca un hundimiento». Él cita las inolvidables palabras de Oscar Wilde: «Ya no soy el capitán de mi propia alma». El hundimiento, dice MacDonald, es la imagen de la vulnerabilidad espiritual de nuestros días.

CUANDO EL ALMA CARECE DE UN CENTRO

Como ya mencioné antes, el libro de Santiago en el Nuevo Testamento utiliza una palabra fascinante para describir esta condición. A menudo se traduce con la frase «de doble ánimo», pero la palabra griega es *dipsujos*, la cual pudiéramos considerar como denotando un alma doble, un alma dividida o un alma descentrada. He aquí unos pocos de los indicadores cuando el alma carece de centro.

Un alma sin centro tiene dificultad para tomar una decisión. Una de las imágenes que Santiago usa para esta condición es aquella donde se compara a la persona de doble alma con la ola del mar, que es empujada hacia adelante un momento y hacia atrás al siguiente. Las personas cuyas almas están enraizadas en un centro hallan que eso les ofrece claridad a sus decisiones. Steve Jobs, que con toda certeza tenía un solo ánimo en su propósito, afirmó que siempre se vestía igual todos los días (pantalones de mezclilla, suéter negro de cuello de tortuga), porque de esa manera no tenía que desperdiciar energía tomando una decisión sin importancia. Juan el Bautista llevaba un atuendo diferente, pero tenía el mismo enfoque de una opción con respecto a la moda.

Un ejemplo clásico opuesto a esto en las Escrituras es el personaje de Poncio Pilato. Él lucha con la decisión de qué hacer con Jesús. Trata de convencer a Jesús para que diga algo que le permita dejarlo libre. Hostiga a los dirigentes religiosos, pero sin tomar la decisión que su autoridad le hubiera permitido. Le pide a la multitud que lo saque del aprieto, pero ellos optan por Barrabás. Cuando el alma no está centrada, uno nunca está seguro de qué tentaciones vale la pena resistir y qué sacrificios vale la pena hacer.

Un alma sin centro constantemente se siente vulnerable ante las personas o las circunstancias. Cuando David huía de Absalón, quedó completamente agotado y se detuvo para descansar. La traducción literal del texto indica que para «re-almarse» a sí mismo. Es el alma de Elías la que se aterra por la amenaza de Jezabel. Él huye y se esconde. Mientras tanto, Dios trata con todas sus «partes». Le da a su cuerpo reposo y algo de comida; permite que la mente de Elías oiga su voz como un silbo apacible y delicado; apela a la voluntad del profeta para que vuelva a la batalla. A la larga, el alma de Elías es restaurada, pero solo porque halló su centro.

> *El alma ansía estar segura. No podemos detener tal ansia ni proveer la seguridad. Sin embargo, hay un nido: «Ten compasión de mí, oh Dios [...] que en ti confío. A la sombra de tus alas me refugiaré».*

El alma desconectada sufre de vulnerabilidad. Cuando una de nuestras hijas tenía tres años, le encantaba jugar un jueguito que llamábamos «la gatita en el nido». Después de su baño, cuando era tiempo de secarla, ella pretendía que era una gatita. Se sentaba frente a mí en el piso y se aseguraba de que mis piernas formaran una especie de rectángulo alrededor de ella (ese era el nido). Resultaba muy importante que mis pies se tocaran el uno con el otro, porque eso significaba que no había espacio abierto por donde algo pudiera meterse para lastimar a la gatita. Si yo dejaba mis pies separados, ella físicamente los empujaba hasta unirlos mientras sacudía su cabeza y decía: «¡Gatita en el nido, papito, gatita en el nido!». Pensé explicarle que si alguna vez había una gatita en un nido no sería un lugar seguro para los pájaros, pero pensé que eso arruinaría el juego.

A un alma sin centro le falta paciencia. En el libro de Números, cuando el pueblo se impacientó durante el largo peregrinaje de Dios por el desierto, el texto dice que «sus almas se abatieron». El mismo uso del término aparece en el libro de Jueces; el alma de Sansón no tenía centro porque simplemente él deambulaba de la búsqueda del poder al placer, las mujeres y la venganza. El hostigamiento de una sola mujer fue suficiente para hacer que este hombre poderoso tuviera su alma «reducida a mortal angustia». Por otro lado, debido al carácter del proverbialmente paciente Job se dice que era «de gran alma».

El rey Saúl era un hombre grande con un alma chica. Cuando debía dirigir a Israel contra sus enemigos los filisteos, se impacientó esperando que el profeta Samuel se presentara en Gilgal para ofrecer los sacrificios. Su solución fue tomar el asunto en sus propias manos y ofrecer el sacrificio él mismo. El resultado fue un pacto roto con Dios y un paso gigante hacia la desintegración de su alma.

Cuando estoy con mis hijos haciendo fila en un supermercado, o en el auto en medio de una autopista atiborrada, mi alma no tiene que estar llevando el compás con los dedos de sus pies o tamborileando con sus uñas. Si ando siempre de prisa para ir a alguna parte, eso es un indicador de que mi alma todavía no ha hallado su hogar. «Nada en el hombre parece tan intencional en cuanto a Dios como el alma [...] El alma busca al Poderoso como si él fuera su propio hogar, como si pudiera estar en casa solo con él [...] El alma está escondida en la mano creadora de Dios: "En su mano está el *alma* de todo viviente"» (Job 12.10, RVR60).

El alma sin un centro es arrojada fácilmente. Estábamos con unos amigos hace poco en una especie de feria al aire libre, y en un lugar había un toro mecánico de esos que tratan de arrojar de su lomo a la gente. Nos detuvimos para observar, pero nadie quería subirse al aparato e intentarlo. El hombre que operaba el toro dijo: «Verlo no es tan divertido como montarlo. ¿Quién va a ser el que se sube en el toro?». Así que alguien de mi grupito me dijo: «¿Por qué no lo intentas tú?». Nunca tomé clases de rodeo cuando estaba en el seminario, pero nadie más se ofreció, y yo quería ver algo.

Así que le dije al que operaba el toro a control remoto que quería montar. Él le dio un vistazo a mi cuerpo de edad mediana y preguntó: «¿Estás seguro?». Eso prácticamente garantizó que no me echara para atrás.

«Hay doce niveles de dificultad en este toro», explicó. «Tal vez no sea tan fácil, pero la clave radica en mantenerte centrado, y la única forma de hacerlo es sentándote de manera suelta. La gente trata de aferrarse demasiado fuerte. No hagas eso. Tienes que ser flexible. Si piensas que puedes controlar los movimientos, nunca lo lograrás. Tienes que seguir al toro. Tienes que mantenerte moviéndote. Mueve tu centro de gravedad conforme se mueve el toro».

Me subí al toro y el aparato empezó a moverse lento, luego lo hizo más rápido y comenzó a sacudirse por todos lados, mientras yo me aferraba a él realmente fuerte. Entonces recordé el consejo, así que me relajé, entretanto el toro siguió moviéndose cada vez más rápido, y sacudiéndose, y corcoveando, y saltando. Yo me encontraba colgando a un lado u otro. Mis brazos se agitaban por todas partes. Simplemente me aferré hasta que finalmente el toro redujo su velocidad y se detuvo, mientras que yo continuaba sobre él. No fue nada bonito, pero lo había logrado. Me imaginaba cuán sorprendido debía estar el operador del aparato al ver que había triunfado. Miré al hombre y él se quedó mirándome. Luego sacudió su cabeza, sonrió y dijo: «Ese fue el nivel uno».

El nivel dos duró tal vez un segundo. El toro ganó.

A veces experimentamos la vida al nivel uno. El nivel uno es como la serie de televisión Mayberry, en la década de 1960. Simplemente transcurre sin mayores complicaciones. El nivel uno es la semana después de tu luna de miel, cuando nada es más emocionante o complicado que hallar un lugar para guardar las tres licuadoras que recibiste como regalos de bodas.

Sin embargo, la vida nunca permanece en el nivel uno.

Esta se complica. Las cosas pasan. Resulta que Opie tiene un serio trastorno de ansiedad. Una adicción que ha hibernado por dos décadas de repente se despierta. Mi trabajo está en peligro. Mi fe se llena de dudas. Mis amigos me traicionan. No puedo dormir.

Mi salud se vuelve incierta. Si a tu alma le falta un centro cuando la vida se mueve rápido, serás arrojado del toro. No importa cuán firmemente quieras aferrarte, a la larga serás lanzado fuera. *El alma sin un centro halla su identidad en lo externo.* Mi tentación cuando mi alma no está centrada en Dios es tratar de controlar mi vida. En la Biblia se habla de esto en términos de elevar el alma de uno. El profeta Habacuc dijo que lo opuesto a vivir en una dependencia fiel de Dios es elevar el alma de uno en orgullo, mostrarnos insolentes. El salmista dice que la persona que puede vivir en la presencia de Dios es la que no ha elevado su alma a un ídolo.

Cuando mi alma no está centrada en Dios, me defino a mí mismo por mis logros, o mi presencia física, o mi título, o mis amigos importantes. Y una vez que pierdo esto, pierdo mi identidad.

ABRÁZAME, PAPITO

Un alma sin un centro es como una casa construida sobre una oquedad. «Cuán colapsada estás, *alma* mía, y cómo suspiras por mí». Por otro lado, el alma cobra vida cuando se centra en Dios. «Que la mañana me traiga palabras de tu amor inagotable [...] porque a ti elevo mi alma». Un amigo mío me contó una vez cómo su hijo de tres años, que ahora ya es un hombre crecido en sus treinta y tantos, solía acercársele cuando estaba cansado, asustado, o simplemente necesitaba un abrazo. El pequeño alzaba sus brazos y decía: «Abazo, papito. Abazo», que era su versión a los tres años de «Abrázame, papito». Años más tarde, según mi amigo recordaba, su hijo llegó a casa después del trabajo y descubrió que su esposa lo había dejado por otro hombre. Se sintió devastado, por lo que llamó a su papá y le preguntó si podía ir a verlo. Por supuesto que podía, así que el hombre condujo por cinco horas hasta la casa de sus padres. Al llegar, entró por la puerta y se derrumbó en los brazos de su papá. Mi amigo me dijo: «Podía oírlo gimiendo: "Abazo, papito. Abazo"».

Cuando nos acercamos a Dios, estamos elevando nuestras almas para ser nutridos y sanados. Un alma centrada en Dios siempre sabe que tiene un Padre celestial que abraza su dolor, su temor, su ansiedad. Esto es vida espiritual: poner el alma a cada momento en la presencia y al cuidado de Dios. «Mi alma se aferra a ti; tu mano derecha me sostiene».

Mantener nuestras almas centradas en Dios es mucho más difícil de lo que parece. Nos aferramos fuertemente, pero a menudo a las cosas equivocadas. Sin embargo, mantenerse centrado en Dios —su palabra, sus caminos— es la esencia de vida para el alma.

Thomas Kelly escribió:

> Sentimos sinceramente el tirón de las muchas obligaciones y tratamos de cumplirlas todas. Y nos sentimos desdichados, intranquilos, tensos, oprimidos y temerosos de ser superficiales [...] Tenemos indicios de que hay una forma de vida mucho más rica y más profunda que toda esta existencia agitada, una vida de serenidad sin prisa, de paz y poder. ¡Si tan solo pudiéramos escurrirnos a ese Centro! [...] Hemos visto y conocido a algunos que han hallado este profundo Centro de vida, donde las frenéticas llamadas de la vida están integradas, donde el No tanto como el Sí se pueden decir con confianza.

«Mi alma se aferra a ti; tu mano derecha me sostiene». Cuando Dios parece distante, «mi alma tiene sed de Dios, del Dios vivo; ¿cuándo vendré, y me presentaré delante de Dios?». El hermano Lawrence le llamó a esto «la práctica de la presencia» de Dios, y la parte más importante de esa práctica está en «renunciar, de una vez por todas, a lo que sea que no conduce a Dios».

Una manera sencilla de guardar tu alma es preguntándote a ti mismo: «¿Bloqueará esta situación la conexión de mi alma con Dios?». Al empezar a hacerme esta pregunta descubro cuán poco poder tiene el

No es cuestión de perfección. No es cuestión de aptitud. No es cuestión de tu competencia [...] Es cuestión de aferrarse a Dios, porque el alma fue hecha para estar conectada con él.

mundo sobre mi alma. ¿Qué tal si no logro una promoción, o no le gusto a mi jefe, o tengo problemas financieros, o tengo un día complicado? Sí, todo esto puede causar desencantos, sin embargo, ¿tiene algún poder sobre mi alma? ¿Puede sacar mi alma de su centro, que es el mismo corazón de Dios? Cuando uno piensa de esa manera, se da cuenta de que las circunstancias externas no pueden impedirnos estar con Dios. Si acaso, nos llevan más cerca de él.

ENEMIGOS DEL ALMA

Hay dos enemigos principales que alejan a un alma desconectada de su centro. Uno es el pecado. El pecado no puede coexistir con un alma centrada en Dios. Si elijo vivir mi vida en amargura, o dar rienda suelta a la lujuria, o engañar a mi esposa, estoy escogiendo mantener a Dios fuera de mis pensamientos. A la inversa, cuando centro mi alma en Dios, es menos posible que peque. No es probable que exceda el límite de velocidad si veo a un patrullero; no es probable que juegue videojuegos en el trabajo si mi jefe está vigilando; no es probable que peque cuando Dios está presente en mi mente. No se trata simplemente de que Dios siempre esté vigilando y siempre conozca la condición de nuestro corazón, sino de nuestro conocimiento de que él está allí.

La otra conexión es lo que pudiera llamarse el «pensamiento problemático». Este enemigo del alma en realidad se ha extendido mucho más. No constituye necesariamente un pecado. Es simplemente una manera de pensar que no toma en cuenta a Dios. El pensamiento problemático empieza con cualquier preocupación normal que pudieras tener. Por ejemplo, abres el estado de cuenta trimestral de tu fondo de jubilación y notas que en lugar de aumentar, tu fondo ha disminuido unos cuantos cientos de dólares. Ciertamente esa es una razón para preocuparse, pero entonces le das inicio a una sucesión de pensamientos que prácticamente te consumen: ¿tendré lo suficiente para jubilarme? ¿Qué tal si el próximo trimestre arroja otra pérdida? ¿Debería sacar mi dinero de este fondo? Al dar lugar a estos pensamientos, estás permitiendo que algo empuje a Dios fuera de tu vida. Una cosa es prestarle atención a tu cuenta de jubilación, pero cuando dejas a Dios fuera de la ecuación, tu alma pierde su conexión.

Yo mismo hago esto todo el tiempo. Me desilusiono por la forma en que resultó la predicación, y entonces tengo una serie de pensamientos en cuanto a que no estoy logrando el éxito suficiente y por consiguiente no estoy dirigiendo lo bastante bien, ni sirviendo a mi pueblo como debiera. O me quedo sentado frente a mi escritorio y me abrumo tanto por todas las necesidades y lo que hay que hacer, que me obsesiono con la idea de cuán duro voy a tener que esforzarme, cómo voy a tener que estar ocupado durante el horario de almuerzo, y cómo parece que todo lo que hago es trabajar.

Un alma separada de su centro es como una computadora desconectada. Es como un pez dejado a la orilla del río que le daría vida. A la larga se estrella. Se muere.

El alma no puede estar centrada sin Dios.

CAPÍTULO 9

EL ALMA NECESITA UN FUTURO

Otras criaturas pueden vivir contentas hoy y no pensar en el mañana. Sin embargo, nosotros no. Nuestra bendición y nuestra maldición es nuestra capacidad de extendernos hacia el mañana. «No hay futuro en eso» es la principal razón que dan las personas para terminar una relación personal, abandonar un trabajo o dejar un hogar. Con todo, no podemos ayudarnos a nosotros mismos en lo que respecta a esto. «En el día de mi angustia [...] mi *alma* rehusaba ser consolada», afirma el salmista.

El alma necesita un futuro.

Esto es un problema, porque no somos simplemente almas, sino almas encarnadas, y sabemos lo que le sucede a la carne.

Un profeta llamado Isaías le hizo una observación al pueblo de Israel hace miles de años cuando sufrían bajo un opresor llamado Babilonia.

Una voz dijo: Clama.

Entonces él respondió: ¿Qué he de clamar?

Toda carne es hierba, y todo su esplendor es como flor del campo [...]

Sécase la hierba, marchítase la flor,

mas la palabra del Dios nuestro permanece para siempre.

Una voz (Dios) dice: «Isaías, dile al pueblo: "Toda carne es como hierba, toda la gloria humana es como la flor del campo"».
Temporal. Desechable.

Esto es cierto, ya sea que creas en la Biblia o no.

En su juventud, Violet Asquith conoció a Winston Churchill en una cena, donde él la ignoró casi toda la velada. Cuando finalmente se dirigió a ella, fue para hacerle una pregunta inesperada:

—¿Cuántos años tienes?

—Diecinueve —dijo ella.

—Y yo —respondió Churchill alicaído— ya tengo treinta y dos. Pienso que soy más viejo que cualquier otro que cuente.

Entonces lanzó un comentario improvisado sobre la observación de Isaías:

—¡Maldita nuestra mortalidad! Maldito el tiempo implacable. Cuán cruelmente breve es el tiempo asignado para que todos podamos apiñarnos en él. Somos gusanos, todos gusanos.

Y luego, con una confianza churchilliana en su propia singularidad trascendente, añadió: —Pero estoy convencido de que yo soy una luciérnaga.

Ningún ser humano, ni siquiera Churchill, pudo vencer la mortalidad. En realidad, todo el punto del texto es: no pongas tu esperanza en la ingenuidad humana.

Ningún ser humano, ni siquiera Churchill, pudo vencer la mortalidad. En realidad, todo el punto del texto es: No pongas tu esperanza en la ingenuidad humana.

Cuando Isaías habló, la gente que vivía en medio de la riqueza, el poder y la ambición de Babilonia *sabía* que la gloria de Babilonia duraría para siempre. No fue así. Babilonia desapareció hace mucho. Por supuesto, nosotros somos diferentes. Nosotros somos más ingeniosos que Babilonia. Tenemos tecnología.

Toda carne es como la hierba; no tienes que creer en la Biblia para afirmarlo. Solo mira a tu alrededor. Al atleta más veloz en la pista a la larga lo derrotará la artritis. La más hermosa supermodelo del mundo no aparecerá en el número de trajes de baño de *Sports Illustrated* cuando tenga noventa y siete años. Incluso a los ejecutivos ricos y poderosos los traicionan sus cuerpos y se mueren.

Esta no es una verdad popular. Durante un tiempo pensé que ayudaría a las personas a recordarlo en la iglesia en donde trabajo al preparar una nueva liturgia que diría: «Tu carne es como la hierba»; y entonces la gente respondería: «En verdad somos hierba». No cayó muy bien.

ETERNIDAD EN NUESTROS CORAZONES

El alma necesita un futuro.

Esto se debe a que hay otra verdad en cuanto a la condición humana: «[Dios] ha puesto eternidad en el corazón de ellos». En eso radica la diferencia entre nosotros y la hierba: la hierba no sabe que está aquí hoy y desaparecerá mañana.

Existe una caverna en Nueva Zelanda donde literalmente hay luciérnagas; el interior de la caverna está iluminado por miles de estas diminutas criaturas fosforescentes. Ellas pasan la mayor parte de sus vidas como larvas. Cuando finalmente nacen y les salen alas, como no tienen boca ni manera de alimentarse, viven solo por un día. Tienen un día para volar, explorar oportunidades de carrera, atraer a un cónyuge, casarse, tener hijos y luego morirse.

En el otro extremo, ¿adivinas cuál es la cosa viviente más vieja del mundo? Se llama Posidonia Oceánica, una aglomeración de algas mediterráneas. Los científicos han calculado que tiene cien mil años de edad. Cuando Isaías pronunció estas palabras, esta cosa viva ya había estado existiendo por más de noventa milenios.

Toda carne es como la hierba. La duración de la vida puede variar de un día a cien mil años. Sin embargo, todas estas cosas vivas morirán, y a ellas no les molesta en lo más mínimo, pues no necesitan un futuro.

Nosotros somos diferentes. Tenemos un radar en busca de la eternidad. Los seres humanos poseen un instinto de que la vida no acaba con la tumba. Y experimentamos un hambre que este mundo no puede saciar. Repito, no tienes que creer en la Biblia para ver esto. Observa las pirámides. Visita un asilo de ancianos.

Dios ha puesto eternidad en el corazón humano.

La Biblia dice que Dios ha hecho esto porque fuimos creados para una existencia eterna con él. Lo más importante que hacemos en esta vida es prepararnos para la vida venidera.

En cierta ocasión, mi antiguo jefe en Chicago, Bill Hybels, estudiaba la Biblia para un sermón mientras se encontraba en un restaurante. Una joven le dirigió un vistazo y le preguntó:

—¿Por qué estás leyendo *eso*?

Bill alzó la vista y le dijo (esta es una cita exacta):

—Porque no tengo ganas de irme al infierno cuando muera.

Él tiene un pequeño problema para expresarse de manera afirmativa a veces.

—No hay cosa tal como el cielo o el infierno —respondió la joven.

Bill pensó: *Esto va a resultar interesante*.

—¿Por qué dices eso? —preguntó.

—Todo el mundo sabe que cuando mueres, tu vela se apaga... *¡puf!* —dijo ella.

—¿Quieres decirme que no hay vida en el más allá?

—No.

—¿De modo que eso significa que puedes vivir como te dé la gana?

—Correcto.

—¿Como si no hubiera día del juicio ni nada de eso?

—Así es.

—Pues bien, eso me resulta fascinante —continuó Hill—. ¿Dónde lo oíste?

—Lo leí en alguna parte —dijo ella.

—¿Puedes darme el título del libro?

—No lo recuerdo.

—¿Puedes decirme el nombre del autor del libro?

—Me olvidé de su nombre.

—¿Escribió ese autor algún otro libro?

—No lo sé.

—¿Es posible que tu autor cambiara de parecer dos años después de que escribiera ese libro en particular, y entonces escribiera otro donde dice que hay un cielo y el infierno? ¿Es eso posible?

—Es posible, pero no probable.

—Está bien, veamos si entiendo bien —dijo Hill—. Tú estás lanzando tus dados con respecto a tu eternidad, apostándole a lo que alguien que ni siquiera conoces escribió en un libro cuyo título ni siquiera puedes recordar. ¿He comprendido bien?

—Eso es —contestó ella mirándolo de nuevo.

—¿Sabes lo que pienso, amiga mía? —resumió Bill—. Pienso que tú meramente te has inventado una creencia que garantiza la continuación de tu estilo de vida sin responsabilidades. Pienso que lo inventaste, porque es muy incómodo pensar en un cielo. Es un pensamiento muy incómodo pensar en un infierno. Resulta muy desconcertante enfrentarse a un Dios santo en el día de rendición de cuentas. Pienso que tú has inventado todo.

La conversación se puso más tensa después de eso.

Dios ha puesto eternidad en tu corazón. Cada uno de nosotros tiene uno de esos momentos cuando escuchamos tal cosa. El día que nació nuestra primera hija, en el mismo primer instante de su vida, la recibí de su mamá y la sostuve en mis brazos. Entonces sucedió algo que no esperaba y que nunca antes había experimentado: fue como si pudiera ver toda la duración de una vida en un segundo. Le dije a Nancy: «Este ricito de cabello rojo se pondrá gris y después blanco; esta piel rosada y suave se arrugará y se manchará; este cuerpecito maleable se encorvará con la edad. Ella envejecerá,

Soy un ser espiritual imperecedero con un destino eterno en el gran universo de Dios. Sin embargo, también soy como la hierba. Voy a morir.

y después nosotros moriremos y desapareceremos, y después ella morirá y desaparecerá».

Nancy dijo: «Dame a la bebé, que la vas a asustar».

Dallas Willard lo dice de esta manera: eres un ser espiritual imperecedero con un destino eterno en el gran universo de Dios. Él solía animarme a que pusiera esto por escrito y lo leyera en voz alta como recordatorio de mi verdadera identidad.

Dios no plantó la muerte en el corazón humano. La muerte vino debido al pecado. Eso incluye mi pecado. La autosuficiencia humana no puede librarme de esto. Si no tengo una esperanza que sea eterna, no tengo ninguna esperanza real. Sin embargo, Dios ofreció un camino.

Isaías dijo: «Toda carne es hierba [...] mas la palabra del Dios nuestro permanece para siempre».

El Evangelio de Juan indica que un día «el Verbo se hizo carne».

El Verbo es uno de los títulos que Juan usa para Jesús. El Verbo, o la Palabra, significa aquí Jesús, el Hijo de Dios, la expresión de Dios, la encarnación de Dios.

El Verbo, que es eterno, se hizo carne. Y toda carne es como la hierba. Es temporal. Desechable. Se muere.

Jesús se humilló a sí mismo. Jesús tomó sobre sí la misma naturaleza de un siervo. Jesús vivió entre los pobres. Lavó pies.

Lo golpearon y no se desquitó. Lo aborrecieron y amó en pago. Lo condenaron y perdonó.

En Jesús, el Verbo se hizo carne. Lo flagelaron hasta que sangró; lo clavaron a una cruz; lo dejaron colgado hasta que murió; lo colocaron en una tumba y la sellaron con una piedra.

Toda carne es como la hierba.

No obstante, Dios hará lo que sea para mantener el alma viva. El salmista habla de Dios rescatando al alma de las fauces de la muerte, permitiéndole que escape de la espada y la condenación, librándola del mismo umbral de la destrucción. «En su mano está el *alma* de todo viviente».

EL DOLOR VIENE, DESPUÉS EL GOZO

El alma necesita un futuro. Dios puso eternidad en nuestros corazones a fin de que no dejemos de buscar una vida más allá de nosotros mismos. Jesús trató de hablarles de esto a sus discípulos poco antes de morir: «Dentro de poco ya no me verán; pero un poco después volverán a verme».

Su confusión fue tan grande que lo acosaron con preguntas, así que él intenta explicarles de nuevo:

> La mujer que está por dar a luz siente dolores porque ha llegado su momento, pero en cuanto nace la criatura se olvida de su angustia por la alegría de haber traído al mundo un nuevo ser. Lo mismo les pasa a ustedes: ahora están tristes, pero cuando vuelva a verlos se alegrarán, y nadie les va a quitar esa alegría. En aquel día ya no me preguntarán nada.

Una mujer dando a luz a un hijo tiene dolor, pero cuando nace su bebé ella se olvida del sufrimiento...

¿En serio?

Cuando nació nuestra primera hija, asistimos a una clase llamada Lamaze. En esos días no usaban la palabra *dolor*, porque el término resulta algo deprimente. Le decían a la futura madre que tal vez sentiría algo de «incomodidad». Los esposos debíamos ser «entrenadores»; es decir, yo tenía que entrenar a Nancy a fin de que ella no sintiera dolor. Entrenar consistía principalmente en decirle a Nancy que respirara. El objetivo era no usar drogas o analgésicos, solo puras inhalaciones y exhalaciones. Para mí no estaba muy claro cómo decirle a Nancy que respirar —lo cual ella había estado haciendo durante casi toda su vida— impediría el dolor, cuando un objeto del tamaño de una bola de boliche estaba saliendo de su cuerpo.

Nancy estuvo de parto por doce horas. Tuvieron que inyectarle Pitocín varias veces, lo que lo hizo todo mucho más intenso. La bebé no estaba en la posición debida, así que la parte más dura de su cráneo oprimía contra la parte más sensible de la espina de Nancy. Recuerdo que la enfermera dijo que la niña venía «al revés», lo que a mí me sonó divertido, pero no divirtió a Nancy para nada.

Durante once horas apliqué masajes en la parte baja de su espina dorsal con una pelota de tenis y la animaba a que respirara. Yo permanecía agachado; la espalda me dolía; mis manos estaban irritadas; nunca me quejé. Ella jamás sabrá lo que tuve que pasar para tener a esa bebé.

El peor momento llegó cuando el médico metió la mano dentro del cuerpo de mi esposa y físicamente le dio a la bebé una vuelta de ciento ochenta grados. Nancy dejó escapar un grito que nunca olvidaré. Yo era el entrenador, y sabía que tenía que hacer algo. «Nancy, ¿estás sintiendo algo de incomodidad?».

Ella en realidad recuerda muy bien eso.

El punto de Jesús no es que una mujer no pueda traer a la memoria el dolor. Su punto es que el gozo de dar vida pesa más que el dolor de dar a luz. Lo que empieza en dolor, acaba en gozo.

Los discípulos preguntan: «¿Qué quiere decir él? ¿Qué quiere decir todo eso de "dentro de poco?"».

Jesús contesta: «Voy a decírselos. Así son las cosas en este mundo ahora que yo he venido...».

Parafraseando un línea de una película: habrá gran dolor, y habrá gran alegría. Al final, el gozo gana. Así que si el gozo todavía no ha ganado, todavía no es el fin.

Jesús es crucificado. El dolor es abrumador... no es el fin.

Jesús resucita... el gozo es abrumador.

Esto mismo caracterizó a la iglesia. Los seguidores de Jesús sufrieron flagelación y se regocijaron; fueron echados a la cárcel y entonaron cantos; vivieron en la pobreza y se mostraron gozosamente generosos.

Jesús tenía razón, nadie podría quitarles su gozo.

El alma necesita un futuro, como el maravilloso comentario sobre la luciérnaga de Winston Churchill. Él vivió tal vez la vida más impresionante del siglo veinte. Sin embargo, toda carne es como hierba.

Él murió.

Celebraron su funeral en la catedral de San Pablo. Cuando concluyó, un corneta subió a la cúpula de la catedral y entonó el «toque de silencio», la tonada que significa que el día se ha acabado, que la oscuridad ha caído. Un tiempo de dormir.

Todos pensaron que era el fin.

Cuando murió la última nota, del otro lado de la cúpula otro corneta tocó el «toque de diana»: hora de levantarse; hora de levantarse; hora de levantarse. Sabemos dónde yace su esperanza.

En su discurso a sus discípulos en cuanto a lo que sucedería «dentro de poco», Jesús hizo una promesa que es tan maravillosa que resulta difícil de creer. Tiene que ver con hacer preguntas.

Los discípulos siempre estaban acosando a Jesús con preguntas: «Oye, Jesús, ¿puedo sentarme a tu mano derecha? Oye, Jesús, ¿cuántas veces debo perdonar a este fulano? Oye, Jesús, ¿por qué este hombre nació ciego? Oye, Jesús, ¿qué significa esta parábola? Oye, Jesús, ¿deberíamos pedir que descienda fuego del cielo para que extermine a los samaritanos? Oye, Jesús, ¿qué quieres decir con eso de dentro de poco?».

En el momento en que tuvimos a nuestra hija, no contábamos con ningún tipo de preparación para el constante aluvión de preguntas. ¿Por qué? ¿Por qué? ¿Por qué? Una vez en el auto, cuando Laura tenía como dos años, decidí invertir las cosas. De súbito, la bombardeé con preguntas: «Oye, Laura, ¿por qué la hierba es verde? Oye, Laura, ¿por qué el cielo es azul? ¿Que hace que el carro funcione? ¿De dónde vienen los bebés?». Laura se quedó

«Es la naturaleza del gozo que todas las preguntas queden en silencio y nada necesite explicación». Veremos la bondad de Dios. El mundo volverá a nacer. El dolor será derrotado. No habrá más preguntas.

terriblemente confundida. Su labio inferior empezó a temblar. Nancy, que tenía que atender las preguntas de Laura a toda hora todos los días, se entusiasmó al ver que la situación había cambiado. «Sigue», me dijo. «¡Hazla llorar!».

Me pregunto si Jesús alguna vez se cansó de todas las preguntas.

Debajo de todas ellas yacía la gran interrogante de todo corazón humano: ¿por qué? Todos enfrentamos esta gran pregunta: Oye, Jesús, ¿por qué este niñito tiene un tumor en el cerebro? Oye, Jesús, ¿por qué los niños con hambre continúan muriéndose y las guerras siguen surgiendo? Oye, Jesús, ¿por qué mi hijo se fugó de casa? ¿Por qué mi matrimonio se deshizo? ¿Por qué mi padre sufre de depresión paralizadora?

Jesús dijo un día: Dentro de poco, yo me habré ido. Las cosas no marcharán bien. Ustedes verán cosas terribles. Enfermedad. Hambre. Injusticia. Depravación sexual. Engaño masivo. Corrupción en las altas posiciones.

Luego, dentro de poco tiempo —les parecerá como si fuera un largo período, pero en la eternidad es solamente un breve tiempo— yo voy a volver. Y pondré todas las cosas en su lugar. El gozo gana.

Es la verdad. «En aquel día ya no me preguntarán nada».

Esa es la promesa.

El alma necesita un futuro.

EL ALMA NECESITA ESTAR CON DIOS

Si uno lee toda la Biblia, capta el sentido de que el alma fue diseñada para buscar a Dios. Las Escrituras hebreas —que pudieran considerarse como el gran Libro del Alma de la literatura humana— están casi obsesionadas con este pensamiento. El alma tiene sed del Todopoderoso (Salmos 63.1). Tiene sed de Dios como la tierra árida tiene sed de agua (Salmos 143.6). Como un láser concentra toda la intensidad de su deseo en él (Salmos 33.20). Se eleva a él (Salmos 25.1), lo bendice (Salmos 103.1–2, 22), se aferra a él (Salmos 63.8) y espera en él en silencio (Salmos 62.1). «En verdad, el alma vive en Dios». El alma busca a Dios con todo su ser. Debido a que desea con desesperación estar completa, el alma está contagiada de Dios, se enloquece y se obsesiona por él. Mi mente puede obsesionarse con los ídolos; mi voluntad puede esclavizarse a los hábitos; mi cuerpo puede consumirse con los apetitos. Sin embargo, mi alma nunca halla reposo hasta que descansa en Dios.

En el principio, cuando Dios creó el mundo, plantó un huerto en el oriente, en Edén. En la Biblia se describe este huerto con cierta amplitud. Dios hizo que del suelo brotaran toda clase de árboles que eran agradables a los ojos, muchos de los cuales producían frutos dulces y buenos. Decoró el huerto con flores, y puso peces en los arroyos y aves en el aire. Edén era el hogar perfecto que Dios preparó para su más alta creación: el hombre y la mujer, Adán y Eva. Dios hizo toda la tierra a fin de tener un lugar para estar *con* el hombre y la mujer, tú y yo. El huerto que Dios creó representa el gran deseo de Dios de «estar con nosotros».

Para que el alma esté bien, necesita estar con Dios.

Una de las frases más enigmáticas de la Biblia se registra cuando Adán y Eva «escucharon que Dios el Señor andaba por el jardín a la hora en que sopla el viento de la tarde». Dios es Espíritu, lo que significa que él no tiene cuerpo, ni piernas, ni pies. ¿Cómo considerar el hecho de que Dios sale a caminar?

El punto de esta asombrosa frase radica en que caminar es algo que uno hace con alguien a quien quiere: un amigo con un amigo, un hijo con un padre. Dos personas enamoradas se van a caminar. En realidad, no se trata de caminar; es una cuestión de estar con alguien. Este Dios, el Dios de la Biblia, es un Dios que quiere «estar con nosotros». Nuestras almas fueron hechas para caminar con Dios.

Sin embargo, el hombre y la mujer pecaron, escondiéndose deliberadamente de Dios entre los árboles del huerto. No obstante, Dios no podía ser rechazado. Él los buscó; en verdad, toda la narración de la Biblia es cuestión de Dios yendo tras nosotros. Buscándonos de un modo incansable. Cuando Adán y Eva se escondieron detrás de los árboles que Dios creó, él llamó: «¿Dónde estás tú?». Físicamente, él sabía con exactitud dónde ellos se encontraban. Lo que Dios en realidad estaba preguntando era: «¿Dónde estás en tu relación conmigo?». Todo lo que Dios siempre ha querido es estar contigo y conmigo. ¿Cómo puede suceder eso?

UNA HISTORIA MUY BREVE
DE LA VIDA CON DIOS

Considera al personaje bíblico Enoc. Casi no sabemos nada de él, pero se nos dice que Enoc caminó con Dios. Noé anduvo con Dios. Dios estuvo con Abraham, su hijo Isaac y su otro hijo Ismael. Dios estuvo incluso con Jacob, un engañador y manipulador. Después con toda una tribu, la nación de Israel.

Dios también estuvo con José, y aquí es donde estar «con Dios» empieza a ponerse interesante. José enfrentó un período realmente duro en su vida, y aprendemos que «el SEÑOR estaba con José» en la esclavitud, y luego en la cárcel. En otras palabras, Dios ya no se encuentra simplemente en el huerto, sino se presenta incluso en los lugares más dolorosos y difíciles. Esas son buenas noticias para todo el que está en problemas, un indicio de las buenas nuevas que vendrán.

Luego Dios está con Moisés, Gedeón, Samuel, Rut, David y muchos otros, hasta que un día él abre una puerta y nace un bebé. Se nos dice: «Y llamarás su nombre Emanuel, que traducido es: Dios con nosotros». Ahora en Jesús tenemos un breve vislumbre de cómo es la vida «con Dios». No solo eso, Jesús hace una afirmación insólita en Juan 15: «Yo soy la vid y ustedes son las ramas. El que permanece en mí, como yo en él, dará mucho fruto; separados de mí no pueden ustedes hacer nada». Yo soy la vid; tú eres la rama.

Dar fruto quiere decir que haremos cosas maravillosas en nuestra vida para Dios y su reino, pero en realidad no tenemos que esforzarnos tan duro. Más bien, debemos asegurarnos de que estamos «con Dios». Eso es lo que quiere decir «permanecer en la vid»: vivir íntimamente con Jesús de un momento al siguiente. «Si no haces eso», dice Jesús, «nada resultará de tu vida». Es como si él invitara a sus seguidores a un experimento, porque ellos son simplemente personas muy ordinarias. ¿Cuánto puede una persona ordinaria hacer en la vida o en esta tierra con Dios en los momentos cotidianos? ¿Y cómo puedo en realidad asegurarme de que mi alma está con Dios todo el tiempo?

Jesús nos ofrece lo que en Juan 3.16 describió como «vida eterna». Casi todo el que ha asistido a la iglesia, e incluso los que ven algunos partidos deportivos los domingos, han oído Juan 3.16. Los que piensan en la vida eterna por lo general consideran que la frase se refiere a la inmortalidad: una vida que nunca termina. Técnicamente, tienen razón, pero según la forma en que la frase se utiliza en el Nuevo Testamento, no implica solo una cuestión de duración. No se trata de la cantidad de años, sino de la calidad de vida con Dios.

Jesús empezó este experimento grandioso con sus doce seguidores. Ellos son como su grupo piloto. Llamó a esos doce discípulos para que estuvieran con él. Uno de ellos, Judas, escogió al final no permanecer junto a él y acabó suicidándose. Los otros once cambiaron el mundo, porque estuvieron con Dios por medio de Jesús.

Luego está lo que llegó a conocerse como la comunidad de Hechos 2, el primer intento de iglesia. Jesús ha regresado para estar con su Padre, pero todavía se encuentra presente por medio de su Espíritu Santo. Aunque él no está aquí físicamente, sus seguidores hallan otra manera de llevar la vida. Se dedican todos los días a lo que Jesús enseñó: la oración, el compañerismo, el partimiento del pan juntos. Comparten lo que tienen; suplen las necesidades mutuas. Las barreras étnicas se derriban conforme llegan a ser conocidos por la forma en que se aman los unos a los otros. Se trata de una comunidad diferente, dedicada a la manera de Jesús de vivir con Dios.

AHORA ES NUESTRO TURNO

En siglos recientes, de vez en cuando un seguidor de Jesús capta una visión de esta clase de vida íntima con Dios. Hace siglos un hombre llamado Nicolas Herman, que fue un sirviente doméstico sin educación de una familia pobre, se convirtió a la fe cristiana al observar un árbol. Era invierno, y el árbol estaba pelado, pero a Nicolas se le ocurrió que el mismo echaría hojas de nuevo en la primavera. Esto produjo en él un hondo sentido del cuidado y el poder de Dios. Pensó que si Dios hace eso por los árboles, con certeza lo haría por una persona. Así que este joven entró a una comunidad monástica, pasó su vida en la cocina como cocinero y lavando platos, mientras que todo el tiempo en privado dedicaba su vida a estar con Dios.

Hoy le conocemos como el hermano Lawrence.

Cuando murió, sus amigos compilaron algunas de sus cartas y las convirtieron en un libro. El libro se titula *La práctica de la presencia de Dios*. Fue escrito en el siglo diecisiete y ahora se piensa que es el libro más ampliamente leído durante la historia de la raza humana aparte de la Biblia, y es obra de un lavador de platos sin educación.

Si el alma está con Dios, no importa si eres lavador de platos o presidente. El alma prospera no mediante nuestros logros, sino simplemente al estar con Dios.

Ahora es nuestro turno. ¿Cómo nosotros —personas comunes viviendo en nuestro mundo de tecnología y retos económicos, enormes debates morales y creencias que cambian vertiginosamente— como tú y yo, hallamos la manera de Jesús para vivir? ¿Cómo descubrimos la vida «con Dios» que vimos experimentar a los discípulos, la iglesia de Hechos 2, el hermano Lawrence y otros antes de nosotros?

Aunque no hay fórmulas mágicas para estar con Dios, últimamente he estado realizando un breve examen personal al que le llamo «El experimento del alma». Se trata de una manera sencilla de enfocar mi alma en Dios todo el día. Empiezo cada jornada presentándome a mí mismo el reto: *¿cuántos momentos de mi vida hoy puedo llenar de forma consciente con la presencia de Dios y mostrando sumisión a ella?* Luego trato de manera deliberada de imaginarme a mí mismo haciendo eso en casa, mi trabajo, el auto, cuando navego por la Internet, veo las noticias y estoy con otros. ¿Puedo experimentar la vida «con Dios» todo el tiempo? He estado tratando de hacer de esto el objetivo de mi día, en vez de seguir una lista de cosas que tengo que lograr hacer. ¿Puedo tan solo tener a Dios en mi mente hoy, independientemente de lo que esté haciendo? Este es un breve ejemplo de cómo funciona para mí.

Un día tuve una reunión con mi personal que duró como hora y media. Cuando se acabó, me di cuenta de que me había perdido por hora y media este experimento. No había pensado en Dios ni lo había escuchado ni una sola vez durante ese período de tiempo, y eso que trabajo en una iglesia. Luego tuve que ir a alguna parte

y refunfuñaba en mi espíritu, porque sentía como si tuviera demasiadas tareas que cumplir y no dispusiera del tiempo suficiente para
llevarlas a cabo. ¿Alguna vez has experi-
mentado esa clase de pensamiento? Me
estaba sintiendo agitado, impaciente y de
mal genio.

¿Cuántos momentos de mi vida hoy puedo llenar de forma consciente con la presencia de Dios y mostrando sumisión a ella?

Entonces tuve esta idea: «John, veamos las próximas dos horas. Vas a pasar
esas dos horas de tu vida conmigo o sin
mí. Puedes continuar viviendo la vida sin
mí y sentirte estresado, presionado, furioso, con lástima por ti mismo, impaciente
y siendo un dolor de cabeza para los que te rodean. Puedes pasar
esas dos horas de esa manera. O puedes vivir esas dos horas conmigo. Alegrarte de estar vivo. Sentirte agradecido de que se te
haya dado vida. Estar gozoso de que en realidad tienes trabajo que
hacer y reconocer que yo, no tú, gobierno el universo. En realidad,
he estado haciéndolo bastante bien antes de que tú siquiera hubie-
ras nacido, y probablemente me las arreglaré, ya sea que pienses
que puedes lograr cumplir tu lista de cosas o no en las próximas
dos horas. ¿Qué vas a hacer, John? ¡Vivirás las próximas dos horas
conmigo o sin mí?».

Cuando uno mira la vida de esa manera, ¿no tiene sentido
decir: «Sí, Dios. Quiero vivir contigo. Mi alma te necesita más de
lo que necesita mi frustración e impaciencia»?

La vida «con Dios» no es una vida de más actividades religiosas,
o más devocionales, o de intentar ser bueno. Es una vida de paz
interna y contentamiento para tu alma con el hacedor y regidor
del universo. La vida «sin Dios» es lo opuesto. Es muerte. Y matará
tu alma.

LA VIDA DEL ALMA CON DIOS

Otro gran pionero de este experimento a principios del siglo veinte
fue un hombre asombroso llamado Frank Laubach. Esto es lo que

escribió: «Porque, ¿no ves que Dios está haciendo experimentos con las vidas humanas? Por eso hay tantas de ellas [...] Él tiene [siete mil millones de] experimentos en marcha en el mundo en este momento. Y su pregunta es: "¿Hasta qué punto va a permitir este hombre y esta mujer que yo dirija esta hora?"».

¿Hasta qué punto? No soy científico, pero sé que en un experimento uno empieza formando una hipótesis. Una hipótesis es básicamente una presuposición. Esta indica: «Pienso que así es como esto debería ser». Luego uno examina esa presuposición poniéndola a funcionar, a menudo en un laboratorio. Tu laboratorio es tu vida; es en ella que pones en práctica tu experimento. Cuando se trata de la vida del alma con Dios, hay tres presuposiciones que poner a prueba:

Dios quiere hacer todo momento de mi vida glorioso con su presencia. Esta es la esencia de la vida «con Dios». No se trata simplemente de que él quiera estar con nosotros, sino de que desea hacer nuestras vidas «gloriosas». Esta no es una palabra que usamos a menudo, pero constituye una excelente palabra cuando pensamos en el efecto que estar con Dios puede ejercer en nuestras almas. Significa, básicamente, que él quiere llenar nuestras almas con belleza, esplendor, asombro y magnificencia. Eso es lo que hace a la gente decir cuando ha estado con uno: «En realidad hay algo diferente en esta persona. Simplemente parece resplandecer, pase lo que pase». Sin embargo, esto no es algo reservado para los santos de la iglesia o las personas superespirituales. Dios desea lo mismo para todos nosotros. Ese es todo el punto de cuidar el alma: llenarnos tan completamente de su presencia que el brillo de su amor resplandezca por medio de nosotros.

Muchos cristianos gastan demasiada energía y se afanan tratando de no pecar. El objetivo no es tratar de pecar menos. En todos tus esfuerzos para abstenerte de pecar, ¿en qué te enfocas? En el pecado. Sin embargo, Dios quiere que te enfoques en él. Que estés con él. «Permanece en mí». Simplemente tranquilízate y aprende a disfrutar de su presencia. Cada día es una colección de momentos. Hay 86.400 segundos en un día. ¿Cuántos de ellos puedes vivir sin

Dios? Empieza dónde estás y avanza desde allí. Dios quiere estar contigo en todo momento.

El salmista afirma: «Al SEÑOR he puesto continuamente delante de mí». Pablo dice: «Llevamos cautivo todo pensamiento para que se someta a Cristo». Ambos hablan de la necesidad de que nuestras almas estén con Dios por completo y a cabalidad. Sin embargo, como estos dos versículos sugieren, eso no sucederá de forma automática. «He puesto» y «llevamos cautivo» son verbos activos, los cuales implican que tú tienes un papel en la determinación de dónde descansará tu alma.

En cierta ocasión me invitaron a hablar en la capilla de la Academia Naval. Es un edificio viejo, histórico, de mármol y hermoso. Al observar las dos hileras de bancas al frente, vi a un grupo de jóvenes guardiamarinas todos vestidos de uniforme. Ellos han dedicado sus vidas a servir al país. En ese momento, puse mis pensamientos en Dios, incluso elevé una oración en silencio: «Dios, estoy muy agradecido por estar aquí. Estoy muy agradecido de que haya jóvenes que dedican sus vidas a esta tarea». En ese instante, escogí enfocar mis pensamientos en Dios.

Entonces, antes de presentarme a mí, el líder de la reunión anunció a la persona que hablaría en el próximo servicio de la capilla naval. Yo conocía a esa persona, y me permití pensar: «Quisiera que ese individuo no viniera a predicar aquí, porque él lo hará mejor que yo. La gente hablará de su charla más que de la mía». Así de rápido podemos enfocar nuestros pensamientos de nuevo en nosotros mismos. Sin embargo, he aquí la mejor parte de este experimento de ver cuánto de cada día podemos satisfacer la necesidad de nuestras almas de estar con Dios. Tan pronto como me percato de mi egocentrismo, someto mis pensamientos de nuevo a Dios y disfruto una vez más de su presencia. Así es simplemente como Dios obra en nosotros. Él nos busca de manera incansable, porque estar con nosotros es todo lo que siempre ha querido. Él se acerca a esclavos, prisioneros y personas como yo que hacen cosas tontas y necias, diciendo: «Bienvenido de regreso».

El mejor tiempo para empezar a vivir con Dios es en los momentos pequeños. No sé tú, pero cuando yo me paro en un risco que da al océano o contemplo la salida del sol sobre los picos de una cordillera, me resulta fácil estar «con Dios». Uno de mis cultos favoritos en nuestra iglesia es el que tiene lugar la mañana del Domingo de Resurrección, cuando el lugar está repleto y entonamos los grandes himnos que proclaman la maravilla de la resurrección y toda persona simplemente resplandece con su adoración a Dios. Nadie tiene que recordarme en ese instante que Dios está conmigo. Por desdicha, esos momentos son pocos y distantes unos de otros; no todos los días pueden ser la Pascua de Resurrección. Es por eso que necesitamos deliberadamente buscar a Dios en los momentos ordinarios de la vida cotidiana.

Cuando me despierto, invito a Dios a que «esté conmigo ese día». Entonces trato de manera consciente de vivir la experiencia de que él camina a mi lado. No en medio de una adoración magnificente, sino en lo ordinario y rutinario.

> Cuando me despierto, invito a Dios a que «esté conmigo ese día». Entonces trato de manera consciente de vivir la experiencia de que él camina a mi lado.

Mi ida al trabajo puede ser una odisea debido al tráfico y las demoras, o puede ser un tiempo de reflexión con Dios. Mi lista de cosas para hacer ese día puede parecer abrumadora o mortalmente aburrida, o puede recordarme que Dios está conmigo en toda reunión, toda llamada telefónica, toda fecha límite. Me gustaría decir que hago esto bien y todo el tiempo, pero la verdad es que a veces estoy tan apurado que no noto ni disfruto de la presencia de Dios en el momento. Y a menudo tal cosa sucede en los aeropuertos.

Como ya he mencionado antes, la prisa es una de las principales barreras que me impide recibir la vida de la vid. Así que he desarrollado unos cuantos truquitos a fin de recorrer los aeropuertos lo más rápido posible. Cuando voy a desembarcar de un avión, por lo general llevo el estuche de computadora y una maleta con ruedas.

Los pasillos son verdaderamente estrechos, así que sostengo el estuche de la computadora en una mano y la maleta en la otra mientras recorro el pasillo. Luego, cuando llego al corredor más amplio, dejo en el suelo la maleta, alzo la manija, y coloco la correa del estuche de la computadora alrededor de ella a fin de poder llevarlo todo rodando con facilidad. Sin embargo, he aquí el problema: cuando estoy haciendo eso, si me hago a un lado del pasillo, la gente que viene detrás de mí me sobrepasa, y yo siento como que me están ganando. No puedo permitir que eso suceda. Así que mientras alzo la manija de mi maleta, le doy la vuelta de cierta manera a fin de bloquear el corredor, impidiendo que alguna viejita o representante de ventas me pase, aunque no me siento orgulloso de esto.

Estaba ejecutando este bloqueo hace unas semanas cuando oí una vocecita: «John, deja que alguien te sobrepase. Tú simplemente no eres tan importante. No necesitas apurarte, además te vuelves fastidioso para los demás. Así que hoy hazte a un lado, respira hondo, prepara tu equipaje y deja que otro te pase».

He aprendido a hacerle caso a esa vocecita. Hice lo que me dijo. Me coloqué a un lado, ensamblé mis maletas, observé cómo tres personas me pasaban, y en realidad me sentí bien. Me alegré de no estar tan apurado. Incluso me sentí mejor al reconocer que Dios estaba conmigo. En ese pequeño momento. Mientras el resto del mundo pasaba agitado.

A veces el corredor en una terminal puede convertirse en una catedral.

Las personas se verán diferentes cuando las veo con Dios. Las personas son una parte enorme de la vida «con Dios», porque tenemos que vivir con ellas. Necesitamos interactuar con la gente. La forma en que nos llevamos con las personas dice mucho en cuanto a dónde reposan nuestras almas. Si estamos viviendo con Dios, vemos a las personas como Dios las ve. Si soy consciente de que Dios se encuentra aquí conmigo, y de que él está mirándote a ti en el mismo momento en que yo estoy observándote, cambiaré la forma en que te respondo. En lugar de verte como el irritante empleado del McDonald's que se equivocó en mi orden, te veré como alguien a quien Dios amó lo suficiente como para enviar a su Hijo a fin de que muriera a su favor. Te veré como una persona real que se levantó aterrado de ir a trabajar y tener que lidiar con clientes impacientes, permaneciendo de pie todo el día. En otras palabras, ya no te veré como todos los demás te ven. Esto es exactamente lo que Pablo se propone cuando dice: «Así que de ahora en adelante no consideramos a nadie según criterios meramente humanos». De ahora en adelante, ahora que mi alma está centrada con Dios en Cristo, no voy a mirar a las personas de la misma manera.

Demasiado a menudo los que formamos parte de la comunidad cristiana vemos a las personas tal como el resto del mundo las ve. Esa es la manera en que incluso nos vemos los unos a los otros. Por eso consideramos necesario ponernos máscaras en la iglesia, para presentar una imagen que les hará vernos como queremos que nos vean. Y eso resulta. Una de las conversaciones más comunes entre las personas cuando se ven la una a la otra empieza así: «Hola. Qué bueno verte. ¿Cómo te va?». Y la respuesta practicada es esta: «Bien, ¿y a ti?».

En realidad, la mayor parte del tiempo las cosas no andan bien, pero no permitiríamos que nadie lo sepa, porque nos preocupamos por lo que van a pensar de nosotros. ¡Qué trágico! Cuando uno lo piensa, ¿hay mejor lugar donde sentirse libre para ser lo que uno es que la iglesia, con otros cristianos? Si yo supiera que tú me ves como Dios me ve, me sentiría libre para admitir: «Estoy batallando con el pecado sexual, el dinero, la codicia, la cólera, la impaciencia, mi cónyuge, mis hijos, conmigo mismo».

Imagínate cuánto cambiaría tu iglesia si los unos vieran a los otros a través de los ojos de Dios. Imagínate cómo el mundo respondería si los cristianos vieran a las personas como Dios las ve.

En el principio, Dios creó el hogar perfecto para tu alma: un huerto de perfección donde pudiera estar contigo. Eso es todo lo que Dios ha querido por siempre. Debido a nuestras decisiones, nosotros mismos nos separamos de Dios, pero él nos busca incansablemente, ofreciéndonos un camino para volver a él y estar a su

Tu alma nunca encontrará descanso a menos que halle su hogar. Y lo hallamos en la disciplina diaria sencilla de preguntarnos a nosotros mismos: «¿Está Dios aquí en este momento?». Si no es así, puede estarlo.

lado. Debido a que ya no vivimos en ese huerto perfecto, a veces nos olvidamos de que está allí y continuamos viviendo sin él.

Tu alma nunca encontrará descanso a menos que halle su hogar. Y lo hallamos en la disciplina diaria sencilla de preguntarnos a nosotros mismos: «¿Está Dios aquí en este momento?». Si no es así, puede estarlo.

Reconoce que has tratado una vez más de vivir la vida solo y luego dale a Dios la bienvenida de nuevo. Vuelve a la última escena donde estuviste tan gozosamente lleno de su presencia y entonces continúa la jornada.

Dios te invita a que permitas que tu alma repose en él.

CAPÍTULO 11

EL ALMA NECESITA REPOSO

En la Biblia, Dios nunca le da a alguien un trabajo fácil. Él nunca viene a Abraham, Moisés o Ester, y le dice: «Desearía que me hicieras un favor, pero en realidad no debería llevarte mucho tiempo. No quisiera incomodarte». Dios no nos recluta como alguien de la Asociación de Padres y Maestros. Más bien siempre es indiscreto, exigente, agotador. Él dice que debemos esperar que el mundo sea duro y nuestras asignaciones resulten difíciles.

Sin embargo, la Biblia en efecto usa la palabra *fácil* una vez. La dijo Jesús. «Vengan a mí todos ustedes, los agotados de tanto trabajar [...] y hallarán descanso para su alma; porque mi yugo es *fácil*, y mi carga es liviana». Fácil es una palabra para el alma, no para las circunstancias; no es una palabra para una tarea asignada. Apunta a tener circunstancias fáciles, y la vida será dura por todas partes. Apunta a tener un alma fácil, y tu capacidad para acometer las asignaciones difíciles en realidad crecerá. El alma no fue hecha para una vida fácil. El alma fue hecha para un yugo fácil.

Hace años, un psiquiatra cristiano llamado Frank Lake trabajó con muchas personas que querían servir a causas nobles, pero que debido al estrés, las demandas y dificultades se sintieron agobiadas, quedando pronto agotadas, amargadas, descreídas y desalentadas.

Él se reunió con el gran teólogo suizo Emil Brunner y empezaron a reflexionar sobre la vida de Jesús en los Evangelios. Jesús enfrentó un enorme estrés, dificultades y dolor. Y sin embargo, nunca se mostró sarcástico, cínico, poco cariñoso o agobiado. Nadie le quitó su gozo.

Cuando consideraron la vida de Jesús, vieron un patrón en ella diferente al de las vidas de los misioneros que Frank Lake vio agotarse. Todos los seres humanos enfrentan retos, dolor y demandas. No obstante, Jesús vivió a un ritmo divino, en el que la gracia constantemente fluía hacia él y luego fluía de él.

EL FLUIR EN LA GRACIA DE LA ACEPTACIÓN

El movimiento inicial en el Ciclo de la Gracia es la *aceptación*.

Jesús vino al mundo por medio de una madre que lo amaba; lo cuidaron unos padres que le brindaban protección y cuidado. Antes de que empezara su ministerio, fue bautizado, y cuando salió del agua una voz habló desde el cielo:

«Tú eres mi Hijo amado; estoy muy complacido contigo».

Para Jesús, identidad y aceptación vienen antes de logro y ministerio. Este es el gozo que nadie puede quitar. No puedes ganarte la aceptación.

He aquí un hecho interesante: el día en que tu pura existencia se celebra es el de tu cumpleaños. Sin embargo, no recibes ningún crédito por tu papel en ese acontecimiento. Nunca fuiste menos competente en ningún día de tu vida que aquel en que naciste; eras más débil, más lento, más tonto, más flaco, menos coordinado, menos desarrollado en tu coeficiente intelectual, y un motivo de molestia mucho mayor que en cualquier otro día de tu existencia.

Un cumpleaños representa la gracia. Si celebras cien cumpleaños a lo largo de tu vida, en realidad recibes una tarjeta del presidente de Estados Unidos de América. ¿Qué hiciste para merecerla? Simplemente no te moriste. Eso es gracia.

Nosotros nos olvidamos que la obra de nuestra vida es un don de nuestro Padre celestial. Jesús nunca lo olvidó. Él oyó la voz del cielo.

La escuchó de nuevo muy poco antes de morir, en el monte de la transfiguración: «Éste es mi Hijo amado; estoy muy complacido con él».

Jesús descansaba en la aceptación de Dios porque enfrentó un rechazo humano masivo. La aceptación de Dios es más fuerte que el rechazo humano, pero esto no fue una realidad solo para él. Jesús se dio cuenta de que su aceptación no era simplemente por su propio bien.

La alternativa a la aceptación del alma es la fatiga del alma. Hay una clase de fatiga que ataca el cuerpo. Cuando nos quedamos despiertos hasta muy tarde y nos levantamos muy temprano, cuando tratamos de animarnos para el día con café y una rosquilla en la mañana y una bebida energizante por la tarde, cuando nos negamos a dedicar un tiempo a hacer ejercicios y comemos alimentos que dañan nuestros cerebros y arterias, cuando constantemente estamos tratando de adivinar cuál fila avanzará más en el supermercado, qué coche en cuál carril ante el semáforo se moverá más rápido y cuál lugar de estacionamiento está más cerca al centro comercial, nuestros cuerpos se agotan.

> *Para Jesús, identidad y aceptación vienen antes de logro y ministerio. Este es el gozo que nadie puede quitar. No puedes ganarte la aceptación.*

Hay una clase de fatiga que ataca a la mente. Cuando nos bombardean con información todo el día en el trabajo... Cuando múltiples anuncios siempre están clamando por nuestra atención... Cuando llevamos por todas partes nuestras listas mentales de tareas todavía no cumplidas y cuentas todavía no pagadas y correos electrónicos todavía no contestados... Cuando tratamos de empujar las emociones desagradables debajo de la superficie como si tratáramos de mantener pelotas de playa debajo del agua en una piscina... nuestras mentes se agotan.

Hay una clase de fatiga que ataca a la voluntad. Tenemos muchas decisiones que tomar. Cuando estamos tratando de decidir qué ropa producirá la mejor impresión posible, cuáles alimentos nos darán mayor placer, cuáles tareas en el trabajo nos proporcionarán mayor éxito, cuáles opciones de diversión nos harán más felices, a cuáles personas nos atreveremos a desilusionar, a cuáles actividades debemos asistir, incluso cuál destino de vacaciones será el más agradable, la necesidad de tomar decisiones nos abruma. La simple extensión del menú en el restaurante nos oprime. A veces los universitarios escogen una doble especialización, no debido a que quieran estudiar dos disciplinas, sino porque simplemente no pueden tomar la decisión de decirle que «no» a ninguna. Nuestras voluntades se agotan con tantas alternativas.

Estas categorías de fatiga son lo suficiente difíciles en y por sí mismas. No obstante, se combinan para hacernos sentir alejados de Dios, separados de nosotros mismos, y distanciados de lo que más amamos en cuanto a la vida y la creación.

Esto es la fatiga del alma.

EL REPOSO EN LA GRACIA SUSTENTADORA

El siguiente movimiento es lo que pudiera llamarse *sustentación* o gracia sustentadora. La idea aquí es que Jesús realizó ciertas prácticas que permitían que la gracia de Dios continuara llenando su espíritu:

- Él oró.
- Tuvo un círculo de amigos íntimos, los doce que fueron por la vida con él. Lo compartió todo con ellos, aunque la gente subestima el papel de la amistad en la vida de Jesús.
- Participó regularmente en la adoración corporativa en la sinagoga.
- Alimentó su mente con las Escrituras.
- Disfrutó de la creación de Dios: montes, huertos y lagos.
- Dio largas caminatas.

- Recibió a los niños, los abrazó y los bendijo.
- *Disfrutó en fiestas con individuos no religiosos.*

Nota que esta última —una en la que tal vez no hayas pensado— representó un caso tal que en realidad dio lugar a rumores en cuanto a él:

Vino el Hijo del hombre que come y bebe, y la gente dice: «Aquí tenemos a un glotón y borracho, amigo de gente inmoral».

Un problema común es que la gente considera las prácticas espirituales como obligaciones que en realidad agotan. A veces tal vez preciso participar en una práctica como dar donativos generosamente o servir con humildad, cosas a lo que mi lado pecador se resiste. Sin embargo, por lo general necesito participar en prácticas que me conectan con la gracia, la energía y el gozo de Dios. Eso puede abarcar ir al océano, escuchar música gloriosa, estar con amigos que dan vida, dar una larga caminata... haciendo todo eso con Jesús.

La prueba de una práctica espiritual sustentadora es: ¿te llena con gracia para la vida? ¿Cuáles son tus prácticas sustentadoras? ¿Quieres explorar algunas nuevas?

El alma ansía reposo. Nuestras voluntades a veces se regocijan con el empeño; nuestros cuerpos fueron hechos para (por lo menos algunas veces) conocer la euforia de un desafío tremendo; nuestras mentes se amplían cuando deben concentrarse incluso estando cansadas. No obstante, el alma ansía reposo. El alma conoce solo la fuerza prestada. El alma fue hecha para reposar en Dios de la manera en que un árbol reposa en la tierra.

La escritora estadounidense de devocionales Lettie Cowman escribió acerca de una viajera que fue de visita a África y contrató a un grupo de cargadores y guías. Esperando hacer su viaje rápido, quedó complacida con el progreso y los muchos kilómetros que cubrieron durante el primer día. Sin embargo, al segundo día, todos los cargadores que había empleado permanecieron sentados y se negaron a moverse. Ella se sintió grandemente frustrada y le preguntó al jefe de las personas contratadas por qué no querían continuar la jornada. Él le dijo que el primer día habían tenido que viajar demasiado rápido, y ahora estaban esperando que sus almas alcanzaran a sus cuerpos.

Cowman reflexiona: «Esta vida agitada y vertiginosa que tantos de nosotros vivimos hace por nosotros lo que la primera marcha hizo por aquellos pobres nativos de la selva. La diferencia: ellos sabían lo que necesitaban para restaurar el equilibrio de la vida; demasiado a menudo, nosotros no».

¿Alguna vez has sentido que necesitabas el tiempo y el espacio para permitir que tu alma alcanzara a tu cuerpo? Esa es una buena indicación de que tu alma necesita reposo.

El psicólogo Roy Baumeister ha acuñado el término «agotamiento del ego» para describir un nivel de fatiga que va más allá del mero cansancio físico. Los que viven en esta condición de agotamiento reportan más cansancio y emociones negativas, pero esos no son los únicos efectos. Las personas agotadas que ven una película triste se sienten afligidas en exceso. Al enfrentar tentaciones como comer galletas de chocolate, es más probable que sucumban. Al enfrentar retos como una asignación especialmente difícil en el trabajo, es más probable que fracasen o tengan resultados de baja calidad. El área del cerebro que es crucial para el dominio propio (la corteza cingulada anterior) en realidad sufre una ralentización.

> ¿Alguna vez has sentido que necesitabas el tiempo y el espacio para permitir que tu alma alcanzara a tu cuerpo? Esa es una buena indicación de que tu alma necesita reposo.

La fatiga del alma daña nuestras relaciones con las personas que forman parte de nuestra vida. Baumeister escribe de un terapeuta que notó que las parejas con doble carrera tienden a pelear todas las noches por asuntos al parecer triviales. El terapeuta les aconsejó a estas parejas que fueran a casa más temprano, lo que parecía tener escaso sentido. ¿Por qué tener más tiempo para pelear? Sin embargo, eran las largas horas en el trabajo las que estaban agotándolos. No les quedaba nada que les ayudara a pasar por alto los hábitos fastidiosos del cónyuge. Era más probable que interpretaran bajo una luz negativa los comentarios del otro. No les quedaba energía para la relación personal. Lo habían dado todo en la oficina.

Uno de los retos de la fatiga del alma es que no tiene las mismas señales obvias que la fatiga física. Si corres una maratón, tu cuerpo te hace saber que está exhausto. Después de cortar la hierba, con probabilidad te relajarás con un vaso de alguna bebida helada, porque tu cuerpo te dice que necesitas reposo. Mi esposa detesta echar gasolina en su coche. Se enorgullece de ver cuán poco combustible puede quedarle antes de ir a una gasolinera. Ella tiene uno de esos coches con una pantallita que le dice a uno exactamente cuántos kilómetros puede recorrer antes de quedarse vacío. Hace poco me envió un mensaje de texto con un retrato de su tablero de instrumentos: la pantalla decía que tenía cero kilómetros antes de que el auto quedara vacío por completo.

El alma no fue hecha para funcionar vacía. Sin embargo, ella no viene con un medidor. Los indicadores de la fatiga del alma son más sutiles:

- Las cosas parecen fastidiarte más de lo que deberían. La forma en que tu cónyuge masca el chicle de repente te revela un defecto gigantesco de su carácter.
- Te resulta difícil tomar una decisión, incluso si se relaciona con algo sencillo.
- Te resulta más difícil resistir los impulsos a comer, beber, gastar o tener antojos de lo que sería en otro caso.
- Es más probable que favorezcas ganancias a corto plazo de maneras que tendrán costos altos a largo plazo. Los israelitas acabaron adorando a un becerro de oro simplemente porque se cansaron de tener que esperar a Moisés y Dios.
- Tu criterio sufre.

- Tienes menos valor. «La fatiga nos hace cobardes a todos» es
una cita muy común que se la ha atribuido al general Patton,
a Vince Lombardi y a Shakespeare. Los mismos discípulos
que huyeron por miedo cuando Jesús fue crucificado a la
larga sacrificaron sus vidas por él. Lo que cambió no fueron
sus cuerpos, sino sus almas.

El alma no está bien cuando nos apuramos mucho. Si no recibe
el descanso que necesita, se fatiga. ¿Quién mejor para ayudarme
a entender la solución a este problema que mi amigo Dallas? Pues
sinceramente estoy convencido de que él era incapaz de apurarse.

Hace poco vi un vídeo de una entrevista que le hice a Dallas.
He hecho esto muchas veces, ya que me ayuda a dividir sus pensamientos en segmentos pequeños, lo cual resulta necesario para
aquellos que necesitamos tiempo a fin de digerir las cosas. No obstante, lo que más me impactó al ver ese vídeo fue cuán rápido yo
hablaba y cuán lento Dallas respondía. Uno puede decir al obser-
varlo que en realidad él está pensando antes de hablar. (¡Imagínate
eso!). Cuando termina una frase, a menudo hay una larga pausa
antes de empezar la siguiente. Me di cuenta mientras lo veía que
esta era una de las razones por las cuales resultaba todo un reto
entrevistar a Dallas. Uno nunca sabía si en realidad había terminado de hablar. Es posible que hubiera concluido su respuesta a
una pregunta, o simplemente que hubiese hecho una pausa para
recargar. Pienso que podría haberle hecho una sola pregunta, y su
respuesta a lo mejor nunca hubiera acabado.

Sucedía lo mismo al ir en coche con él, o comer juntos, o escuchar una conversación con un tercero. Él nunca se apuraba en una
canción, ni en una caminata, ni en una plegaria. Parte de la razón
por la que la gente hallaba sanador estar con él era esta cualidad,
la cual resultaba altamente contagiosa. Consideramos esto como
estar descansado o no tener prisa, lo cual es cierto. No obstante, tal
cosa es el efecto que el descanso tiene en el alma: le da paz.

Jesús dijo: «La paz les dejo; mi paz les doy. Yo no se la doy a
ustedes como la da el mundo. No se angustien ni se acobarden».

Cuando le das descanso a tu alma, te dispones a recibir la paz que Jesús quiere para ti.

LA BÚSQUEDA DE SIGNIFICACIÓN APARTE DEL DESEMPEÑO

El tercer movimiento en el Ciclo de la Gracia es la *significación*.

Fuimos hechos para producir un cambio más allá de nosotros mismos. *Significación* se relaciona con la palabra *señal*; nuestras vidas tienen el propósito de ser señales que apuntan más allá de nosotros mismos hacia Dios.

Jesús mostró una gran claridad en cuanto a la significación de su vida, a menudo descrita en sus grandes enunciados «YO SOY»: yo soy el pan de vida; yo soy el camino; yo soy la vid; yo soy el buen pastor. Esas eran las razones por las que él estaba en el mundo.

Luego indicaría la significación de sus seguidores con los enunciados «ustedes son...». Ustedes son la luz del mundo. Ustedes son la sal de la tierra. Ustedes son una ciudad sobre un monte.

Este tercer movimiento incluye la gracia no solo fluyendo hacia nosotros, sino también por medio de nosotros y trasmitiéndose a los demás por amor a ellos. No obstante, esto también es un don de la gracia de Dios. ¿Sabemos quiénes somos aparte del dinero, el poder y la reputación?

Cuando Jesús empezó su ministerio, su primera tentación tuvo lugar después de que el Padre le había dicho: «Éste es mi Hijo amado». En el próximo versículo, él se dirige al desierto. El maligno le dice: «Si eres el Hijo de Dios, convierte estas piedras en pan [...] Si eres el Hijo de Dios, arrójate desde el templo».

> La significación es acerca de quiénes somos antes de que ser una cuestión de lo que hacemos.

En otras palabras: No escuches la voz. No confíes en la gracia. No le creas a tu Padre. Demuéstralo. Gánatelo. Haz que suceda. Haz que sea asunto tuyo.

Jesús dijo: «No».

La tentación dependía de lograr que Jesús cuestionara su identidad, que sintiera como si tuviera que demostrar su identidad al hacer cosas espectaculares, las cuales lo señalarían y caracterizarían como superior a todos los demás.

Significación que es cuestión de quiénes somos antes de que sea cuestión de lo que hacemos.

Mi amigo Kent es entrenador.

Mi hermana Barbie sabe animar y edificar a las personas. La observé hacer esto por horas con mis hijas no hace mucho, y quedé asombrado.

Debbie es una cantante y artista que brinda sanidad mediante la belleza.

David es un individuo que sabe conectar a las personas y forma pequeñas familias con extraños.

¿Cuál es esa cualidad esencial de ti de la cual Dios tiene la intención que hablen en tu funeral? Si no tienes esto claro, pídeles a algunas personas que conozcas bien que te describan la razón por la que a su modo de pensar Dios te puso en esta tierra.

La gracia de la significación me libera de la necesidad de apurarme.

Dallas me señaló una vez que hay un mundo de diferencia entre estar atareado y estar apurado. Estar atareado es una condición externa, la condición del cuerpo. Tiene lugar cuando tenemos demasiadas cosas que hacer. El ajetreo es inevitable en la cultura moderna. Si vives hoy en Norteamérica, eres una persona atareada. Hay límites con respecto a cuánto ajetreo podemos tolerar, así que sabiamente hallamos maneras de reducir el paso siempre que podemos. Tomamos vacaciones, nos sentamos en una poltrona con un buen libro, disfrutamos de una comida tranquila con los amigos. En sí mismo, el ajetreo no es letal.

Estar apurado por el contrario, es una condición interna, una condición del alma. Significa sentirme tan preocupado conmigo y mi vida que no puedo estar completamente presente con Dios, conmigo mismo y otras personas. No puedo ocupar este momento presente. El ajetreo conlleva a la prisa cuando permitimos que desaloje a Dios de nuestra vida. Nota la diferencia entre los dos:

Ocupado	Ajetreado
Horario lleno	Preocupado
Muchas actividades	Incapaz de estar plenamente presente
Una condición externa	Una condición interna del alma
Exige físicamente	Agotado espiritualmente
Me recuerda que necesito a Dios	Hace que no esté disponible para Dios

No puedo vivir en el reino de Dios con un alma apurada. No puedo reposar en Dios con un alma apurada.

Jesús a menudo estuvo ocupado, pero nunca apurado. Es más, parecía ser rápido para detectar la enfermedad de la prisa en otros. Una vez, cuando hubo enviado a sus discípulos en una misión, ellos volvieron para informarle lo que habían hecho y enseñado. Imagínate que eres uno de los más íntimos seguidores de Jesús, a quienes se les ha dado el privilegio de proclamar su mensaje de amor y perdón. Acabas de completar exitosamente una gran tarea asignada y tal vez te sientas un poco entusiasmado con respecto a cuál va a ser tu próxima misión. No es probable que no haya mucho trabajo por hacer. La Biblia afirma que tantos necesitados buscaban a Jesús, que no tenía ni siquiera tiempo para comer. En ese momento, ¿qué asignación les da Jesús a sus dispuestos seguidores? «Vengan conmigo ustedes solos a un lugar tranquilo y descansen un poco». En lugar de apresurarse a dar la próxima asignación, Jesús hace que todos se suban a un barco y se vayan a lo que se registra como «un lugar solitario».

Sin embargo, ¿qué hay en cuanto a la misión de salvar al mundo? ¿Qué hay en cuanto a todos los enfermos que necesitan ser sanados? Estoy convencido de que Jesús conocía el poder de un alma descansada. Él hizo que sus seguidores aminoraran el paso a fin de que sus almas no llegaran a fatigarse. Nosotros pasamos la mayor parte de nuestro tiempo tratando de atraer y agradar a las multitudes; Jesús parece que pasó mucho del suyo alejándose de ellas.

Un alma descansada es el yugo fácil.

Como ya aprendimos previamente, nuestras almas existen para integrar nuestras vidas a fin de que podamos vivir en armonía con Dios y el mundo. Ellas se enferman cuando estamos divididos y en conflicto. Yo debería estar contento con mi trabajo, pero siento envidia de la persona que ocupa el cubículo siguiente, porque a ella le asignaron la tarea que yo quería. Me obsesiono por ganar más dinero, pero para convencerme a mí mismo de que no soy una persona codiciosa me digo que en realidad estoy tratando de proveer más seguridad para mi familia. Me enfoco tanto en mí mismo que mis opciones, valores, deseos y creencias están en contraposición unos con otros. Y también están en contraposición con otras personas y Dios.

Entonces acudo a la naturaleza. Me paro en una playa frente al océano. Mi mente se llena de admiración por la vista y el sonido de las olas. Los otros pensamientos que distraen se desvanecen. Hay congruencia entre lo que mi cuerpo experimenta (la vista y el sonido del océano) y lo que mi mente está pensando (la belleza y la bondad de Dios). Al aminorar el paso y observar la belleza de mi entorno, tiendo a no afanarme por el mañana o lamentar el ayer. Estoy menos esclavizado a las opiniones que otros tienen de mí.

Existe una mayor congruencia entre lo que pienso, siento, escojo y hago. Tengo la experiencia, por lo menos por unos pocos momentos, de lo que es estar libre de conflictos, completo.

Mi alma se sana.

Por supuesto, mi alma no fue hecha para estar ante el océano por siempre. No obstante, puedo traer conmigo algo de esa compleción a mi mundo dividido. El salmista dice que nuestra tarea no es sanar nuestras almas, sino hacer espacio para ellas a fin de que la sanidad pueda venir. «En lugares de verdes pastos me hace descansar; junto a aguas de reposo me conduce. Él restaura mi alma».

¿Dónde están tus prados verdes? ¿Dónde se hallan tus aguas de reposo? No soy experto en ovejas, pero tengo un amigo que las cría. Él afirma que las ovejas básicamente no hacen nada. Comen... Se acuestan... Duermen. Ellas dependen totalmente del pastor. No planean su próxima comida. No hacen una lista de las cosas que tienen que hacer mañana. Comer. Acostarse. Dormir.

Por supuesto, ninguno de nosotros puede en realidad pasarse toda su vida sin hacer alguna cosa. Sin embargo, pienso que el salmista usa la metáfora de la oveja para recalcar un punto. ¿Cuán bueno eres para no hacer nada? ¿Cuánto tiempo puedes quedarte sentado en una silla en tu traspatio y no hacer nada? Nada de regar la hierba. Nada de planear mentalmente el día siguiente. Nada de preocupación en cuanto a tus impuestos. Simplemente sentarte y no hacer nada. Al pintar este cuadro de una oveja disfrutando lo que sea que su dueño ponga delante de ella, se nos muestra que necesitamos «refrescar nuestra alma». Por lo general, somos buenos para hacer algo, pero en realidad somos malos para no hacer nada.

Hallamos reposo y sanidad para nuestra alma cuando permanecemos en solitud.

El mundo, la cultura, la sociedad —todos ellos— ejercen una presión implacable, incesante y letal sobre tu alma, y sin alivio de toda esta interferencia caótica, el alma muere. J. B. Phillips traduce las palabras familiares de Romanos 12.2 para decir: «No dejes que el mundo que te rodea te embuta en su propio molde». El mundo impone la agitación en nuestras almas como el niño oprime un puñado de plastilina. Cuando permanecemos en soledad nos retiramos no tanto de la creación, sino de la presión del mundo. Nos retiramos de modo que nuestras almas puedan descansar en Dios. En la solitud recordamos que no somos lo que alguien piensa que somos, sino ovejas apacentadas por el Pastor.

La solitud provee un refugio del ruido y la distracción, y eso puede asustar. Casi nos hemos vuelto adictos a esas dos cosas.

La solitud provee un refugio del ruido y la distracción, y eso puede asustar. Casi nos hemos vuelto adictos a esas dos cosas. ¿Alguna vez has salido a dar una buena caminata o hacer un mandado y descubierto que olvidaste tu celular? Si eres como yo, bien sea vuelves a la carrera para recuperarlo o te preocupas todo el tiempo de que a lo mejor te pierdas una llamada importante.

Tu alma necesita descanso.

O llegas a casa temprano y la casa está vacía, por lo que te das cuenta de que tienes como una hora de la soledad que tu alma desesperadamente necesita, así que te acuestas en el sofá y enciendes tu pantalla plana para ponerte al día con respecto a las últimas entradas de un partido de béisbol.

Tu alma necesita reposo.

No siempre es el «mundo» el que nos embute en su molde. Demasiado a menudo nos distraemos nosotros mismos. Estar completamente solos sin nada que no sean nuestros pensamientos puede resultar aterrador, así que usaremos lo que sea para distraernos y no disfrutar de la sanidad del alma que obtenemos en la solitud. Tememos no hacer nada, porque eso significaría enfrentar las realidades internas que angustian nuestras almas: temor, enojo, soledad, fracaso. Tal vez por eso el salmo familiar citado arriba declara: «Él me hace descansar». El Señor no nos invita a descansar. No nos ruega que descansemos. Él nos hace hacerlo. Cuando se trata del reposo que necesitamos para restaurar nuestras almas, somos como nuestros pequeños a la hora de irse a la cama. A los chiquillos simplemente no les gusta irse a dormir, por cansados que estén. Así que en algún punto, como buenos padres, los levantamos, los llevamos a sus dormitorios y hacemos que se acuesten.

¿Es hora de irse a la cama para tu alma?

HACER NADA IMPLICA HACER MUCHO

La capacidad de no hacer nada en realidad es evidencia de mucho crecimiento espiritual. El escritor francés Blas Pascal escribió hace siglos: «He descubierto que toda la desdicha de los hombres surge de un solo hecho, son incapaces de quedarse quietos en sus propias habitaciones». En la solitud nos liberamos de la presión del mundo. No haces eso disponiéndote a estar a solas con una lista de cosas en las que quieres trabajar. Ni siquiera abordas la solitud con la expectativa de que resultarás con alguna noción espiritual profunda. No es una cuestión de lo que vas a hacer, sino de lo que *no* harás. En la solitud descansas.

Allá en el huerto, el hogar perfecto del alma, Dios modeló para nosotros la necesidad de descansar: «Y acabó Dios en el día séptimo su obra que hizo, y reposó el día séptimo de toda su obra que había hecho». Más tarde, en su jornada con la humanidad, hizo del reposo una de las diez directivas incuestionables sobre cómo debemos vivir: «Acuérdate del día de reposo para santificarlo [...] no hagas en él obra alguna». Debemos pasar un día a la semana, una séptima parte de nuestro tiempo, sin hacer nada. Me encanta lo que el finado evangelista Vance Havner escribió en cuanto a la necesidad del alma de descansar: «Si no te apartas por un tiempo, te destruirás en poco tiempo».

Abraham Heschel también escribió: «Seis días a la semana luchamos con el mundo, extrayendo lucro de la tierra; en el sabbat atendemos especialmente la semilla de eternidad plantada en el alma. El mundo tiene nuestras manos, pero nuestra alma le pertenece a Otro. Seis días a la semana tratamos de dominar al mundo, en el séptimo día tratamos de dominar al yo...».

Los cristianos de mi generación, y en especial los que preceden a la mía, recuerdan los domingos (el sabbat para la mayoría de protestantes) como un día bastante aburrido. Casi todo lo que se permitía era asistir a la iglesia, leer la Biblia y tomar siestas. Nada de jugar deportes el domingo. Nada de televisión el domingo. Nada de comercio el domingo. Si te quedabas sin gasolina camino a la iglesia o necesitabas comprar un galón de leche, mala suerte. Estoy agradecido de que en nuestra sabiduría hayamos abandonado tales legalismos, pero la noción del reposo fue —y todavía lo es— idea de Dios.

REPOSO EN EL LOGRO

La fase final en el Ciclo de la Gracia es el *logro*. Jesús logró mucho. Enseñó, sanó, hizo amigos, buscó seguidores, entrenó, viajó, confrontó, desafío y lanzó el más grande movimiento de la historia humana. Lograr —dar fruto— es crucial para el alma. Sin embargo, dar fruto es por igual un asunto de la gracia como de la aceptación. El alma fructífera es también un alma del sabbat.

Hay otra manera de mirar el sabbat que tal vez parezca contradecir lo que acabo de escribir, pero vale la pena examinarla. Siempre me he preguntado algo: si Dios es omnipotente, ¿por qué tuvo que descansar? La respuesta más común que he oído es la que acabo de bosquejar: que lo hizo como ejemplo para que los seres humanos lo imitaran. Sin embargo, hay muchos mandamientos que le da a la raza humana y él mismo no sigue, empezando con el primero en cuanto a ser fructíferos y multiplicarse.

Existe otra respuesta que también tiene algo que decir con respecto al reposo del alma. John Walton, erudito del Antiguo Testamento, nota que todo el relato de la creación en Génesis se ofrece contra el telón de fondo del espacio sagrado. Tal como un marco de siete días se establece en Génesis, los templos reales y palacios sagrados se inauguraban durante festivales de siete días. En Edén, Dios mismo creó un huerto. Los reyes a menudos tenían jardines fuera de sus residencias. Dios usa el mismo tipo de vocabulario que los reyes usaban en sus reinos. Un rey dice: «Que haya impuestos», y hay impuestos.

Cuando se inauguraba un templo o palacio, estos simbolizaban la victoria del rey. Cuando los enemigos eran subyugados, él podía dejar la batalla, entrar al templo y descansar en su trono.

El trono es donde el rey descansaba.

Esto no significaba que estuviera tomándose el día libre. Quería decir que no había crisis o batallas en su reino, y que él podía gobernar con sabiduría, justicia y deleite. Todos querían que el rey pudiera descansar en su trono.

Por eso Dios reposó. No quiso decir que se tomó el día libre, sino que todo estaba de la manera que él se propuso que estuviera en su espacio sagrado: lo que nosotros conocemos como el universo. Él podía reinar con calma y deleite.

LIBERTAD DEL CICLO DE LAS OBRAS

Lo opuesto al Ciclo de la Gracia es lo que pudiéramos llamar el Ciclo de las Obras. En este, simplemente retrocedo contra la marea de la gracia. Empiezo tratando de alcanzar logros impresionantes mediante mi propia fuerza para halagar mi propio ego. Espero que haciendo esto pueda sentirme significativo.

Espero que este sentido de significación pueda sustentarme al atravesar todas las dificultades y estreses de la vida. En última instancia espero que el resultado final sea una vida que de alguna manera será aceptable para alguien.

El Ciclo de las Obras destruirá mi alma. Es el yugo difícil. Es la carga pesada.

Sin embargo, cuando tu alma está en reposo, tu voluntad se muestra indivisible y obedece a Dios con gozo. Tu mente alberga pensamientos llenos de verdad y belleza. Deseas lo que es íntegro y bueno. Tu cuerpo está lleno de apetitos que sirven al bien y hábitos que te conducen a una vida excelente.

> *Cuando tu alma está en reposo, tu voluntad se muestra indivisible y obedece a Dios con gozo. Tu mente alberga pensamientos llenos de verdad y belleza. Deseas lo que es íntegro y bueno.*

Tu alma se encuentra en reposo.

Ya sea durante un día entero o períodos de tiempo apartados cada día, tu alma necesita reposo. No un cambio de paisaje ni un retiro espiritual, aunque esas cosas son buenas y pueden *contribuir* al reposo. No obstante, para mantenerse sanas, nuestras almas necesitan permanecer en solitud sin ninguna agenda, distracciones ni ruidos. Si alguien te pregunta lo que hiciste en tu «tiempo aparte», la respuesta correcta debe ser: «Nada».

No hacer nada hace maravillas por el alma.

CAPÍTULO 12

EL ALMA NECESITA LIBERTAD

La ley del Señor es perfecta: reanima el alma

SALMOS 19.7 (RVC)

¿En realidad?

«Dios bendice a quienes aman su palabra y alegres la estudian día y noche».

¿No tienen ninguna otra cosa que hacer?

Los antiguos expertos acerca de la vida del alma solían advertirnos de los peligros de un apego desordenado. El deseo es bueno, pero cuando quieres algo demasiado, eso amenaza con ocupar el lugar de Dios en tu vida. Te llevará a tomar malas decisiones. Te colocará en una montaña rusa emocional. La capacidad de tener cualquier cosa que quieras en realidad puede costarte tu libertad.

Sansón sintió un deseo insaciable por Dalila; al joven rico lo consumía

> El deseo es bueno, pero cuando quieres algo demasiado, eso amenaza con ocupar el lugar de Dios en tu vida. Te llevará a tomar malas decisiones. Te colocará en una montaña rusa emocional.

su deseo de dinero; Saúl codició el poder que vino con su trono; Caín cedió a su deseo de venganza. ¿Qué resultados tuvo todo eso para ellos?

En la película *Una historia de Navidad*, uno de los muchachos se ve presionado con el reto de tocar con su lengua un asta de bandera congelada una mañana de diciembre. Al instante su lengua se queda pegada al metal congelado, y desde ese momento él no puede ir a ninguna parte. Está atrapado. Esclavo de su lengua. La libertad vendrá, si acaso lo hace, solo luego de experimentar un enorme dolor.

Nos vemos presionados con diferentes retos todo el tiempo. Retos en cuanto al sexo. Retos en cuanto al dinero. Retos en cuanto a la seguridad. Y el objeto blando pegado y congelado contra el asta de bandera es tu alma. Ella ansía ser libre, pero no estás seguro de lo que eso quiere decir.

EN CONFLICTO ACERCA DE LA LIBERTAD

Imagínate que estás conduciendo y un patrullero te obliga a detenerte por ir demasiado rápido, así que le explicas al oficial: «Lo que pasa es que no me siento auténtico viajando solo a cien kilómetros por hora. Cuando conduzco, trató de dejarme guiar por mi profunda voz interior, y esa voz estaba diciéndome hoy: "Puedes correr a ciento cincuenta. *Deberías* ir a ciento cincuenta". Así que, oficial, no trate de imponerme sus reglas. ¡Cuando conduzco, tengo que ser libre!». Tenemos una frase para describir a estas personas: conductores temerarios. O locos.

Imagínate que un agente del Departamento de Impuestos llama a tu puerta y te dice: «El gobierno ha notado que usted no ha pagado impuestos por los últimos diez años». Indignado, respondes: «Entiendo que eso de pagar impuestos pueda funcionar para otros, pero no para mí. Me sentiría como un hipócrita. Si fuera a darle algo de mi dinero al gobierno, eso no reflejaría mis pasiones y valores más hondos. Así que no me impongan sus reglas sobre mi dinero. ¡Necesito ser libre!». Tenemos una frase para describir a estas personas: evasores de impuestos.

Finalmente, imagínate a un hombre que sale con una mujer, y mientras disfrutan de una elegante comida romántica, él se inclina para estar más cerca y le dice: «Ser fiel a una sola mujer será demasiado confinante. He crecido para ponerme en contacto con mi yo interior esencial, y cuando él ve a una mujer que es realmente, realmente atractiva, quiere mirarla, perseguirla y ver si puedo lograr que responda». Tenemos una frase para describir a estas personas. Las llamamos... Ni siquiera voy a decirlo. Tú puedes encontrar algunos calificativos por cuenta propia.

El alma clama por ser libre, pero la percepción común es que el cristianismo se interpone en el camino a la libertad. Todo es cuestión de obedecer a alguien o algo que trata de decirle a uno cómo vivir la vida. Como cristiano, de acuerdo a esta percepción, no eres libre en absoluto, sino sumiso, dependiente y esclavo de tu religión. Así que la gente se hace preguntas. ¿Acaso Dios se interpone en la necesidad de libertad de tu alma? ¿Acaso el convertirse en cristiano quiere decir que alguien te dicta lo que haces, lo que piensas, cómo vives? Incluso los cristianos a veces adoptan esta noción. Pueden afirmar su creencia en Jesús como Hijo de Dios y recibir su dádiva de salvación, pero retienen su «libertad» para decidir por sí mismos cómo deben vivir.

El alma necesita libertad, sin embargo, ¿qué significa eso exactamente? ¿Que puedo hacer lo que me dé la gana?

Las personas creen que el cristianismo es demasiado restrictivo, ya que con frecuencia es así como los cristianos han vivido. No nos deleitamos en la ley del Señor; nos complacemos en guardarla mejor que otros o usarla para apoyar nuestro sentido de ser «apartados», más puros que el resto del mundo. Parte de lo que inspiró el maravilloso libro *What's So Amazing about Grace?* [¿Qué es tan asombroso sobre la gracia?] de Philip Yancey es el dolor que sufrió por el legalismo de su iglesia: «Yo provenía de una cultura sureña fundamentalista que miraba con malos ojos el que jóvenes y señoritas fueran juntos a nadar, el uso de pantalones cortos, las joyas o el maquillaje, el baile, el boliche y leer el periódico del domingo. El licor era un pecado de un orden diferente, con la pestilencia sulfurosa del fuego del infierno rodeándolo [...] Ni faldas cortas para las mujeres, ni el pelo largo para los hombres, ni vestidos de lunares para las damas porque podrían llamar la atención a partes sugestiva del cuerpo, nada de besos, ni tomarse de las manos, ni música rock, ni vello facial [...] Esto trae a la mente el perro que pensaba que su nombre era "No" porque esa es la única palabra que siempre oyó de su amo».

A veces la iglesia ha tratado de imponer sus reglas en la sociedad más amplia. El historiador William Manchester recuerda algunos de los «no» de la Ginebra de Juan Calvino: no «fiestas, bailes, canciones, retratos, estatuas, reliquias, campanas de la iglesia, órganos, velas en el altar, "canciones indecentes o irreligiosas", presentar o asistir a representaciones teatrales, llevar maquillaje, joyas, encaje o vestido "inmodesto" [...] o ponerle a los niños algún nombre que no sea de personajes del Antiguo Testamento».

¿La ley reanima el alma? Parece más bien como que la oprime. En verdad, las leyes tal vez sean requeridas para que una sociedad sobreviva, aunque por lo general queremos que abarquen el mínimo requerido para proteger de daño a los inocentes. ¿Por qué alguien va a pensar que un alma podría deleitarse en ella? ¿Pudiera ser que haya una conexión entre la ley y el alma que no es evidente para nosotros?

El alma ansía ser libre, pero la libertad del alma resulta ser un poco más complicada de lo que pensamos.

LA OBEDIENCIA PRODUCE LIBERTAD

Israel siempre ha reverenciado el otorgamiento de la ley de una manera que para la mayoría de nosotros, inclusive los cristianos, resulta difícil entender. Antes de darle a Moisés los Diez Mandamientos para que se los entregara a Israel, Dios ofreció este recordatorio significativo: «Yo soy el SEÑOR tu Dios. Yo te saqué de Egipto, del país donde eras esclavo». Él podía haber dicho: «Aquí tienen una lista de reglas y será mejor que las obedezcan, o si no, aténgase a las consecuencias». O tal vez haber indicado: «Yo soy el Señor tu Dios y espero que hagas exactamente lo que te mando». En lugar de eso, introdujo «la Ley» recordándoles: «Yo soy tu libertador».

Los Diez Mandamientos nunca fueron diseñados para ser una lista aislada de reglas. Ellos vienen en un contexto relacional. Describen cómo es vivir a la altura de ciertos valores, una cierta identidad y un cierto destino. En realidad, en el judaísmo no se les llaman los Diez Mandamientos. El término hebreo es *aseret jadevarim*, que literalmente significa «diez pronunciamientos» o «diez enunciados», porque están enraizados en cosas que tienen que estar presentes en el reino de Dios. Fluyen de cómo fuimos diseñados, de lo que estábamos supuestos a ser. Los leemos como si indicaran: «Esto es lo que tienes que hacer», pero Dios estaba diciendo: «Esto es lo que tú eres». Es por eso que no tanto quebrantamos los Diez Mandamientos, sino nos destruimos a nosotros mismos cuando los violamos.

En el resto de la Biblia, la revelación se les entrega a los individuos. Dios viene a Noé. Dios viene a Abraham. Estos diez enunciados son el único lugar en toda la historia registrada donde él se presenta ante un pueblo entero. Esto llega a ser tan formativo para Israel que en los siglos posteriores los judíos rastrearían su linaje retrocediendo hasta sus antepasados en el Sinaí, de la misma manera en que los pobladores de Estados Unidos de América rastrean sus raíces hasta el *Mayflower*.

> Los *Diez Mandamientos* fluyen de cómo fuimos diseñados, de lo que estábamos supuestos a ser. Es por eso que no tanto los quebrantamos, sino nos destruimos a nosotros mismos cuando los violamos.

Mientras Moisés se reunía con Dios en el monte Sinaí, se nos dice que el pueblo de Israel «estaba al pie del monte». Hasta hoy en el judaísmo la gente se pone de pie para leer los Diez Mandamientos. Existe un maravilloso dicho en el *Talmud*: «Toda alma judía estaba presente en el Sinaí».

Cuando estas palabras, estos mandamientos, fueron dados a Israel, ¿ellos simplemente canjearon una forma de esclavitud por otra? Solían estar encadenados al faraón; ahora estaban encadenados a Yahvé. ¿No eran todavía libres? Cuando nos ligamos a Dios, a un código de moralidad que trasciende nuestras propias opiniones particulares, ¿perdemos la libertad o la ganamos? Si mi alma necesita libertad, ¿qué tiene la ley que ver con eso? Estoy convencido de que el alma en realidad es reanimada por la ley.

LA OBEDIENCIA A DIOS
AUMENTA LA LIBERTAD

Piensa en la libertad como viniendo en dos sabores, como si existieran dos clases de libertad. Existe una libertad de las restricciones externas, de alguien que me dice lo que debo hacer. Esto es libertad *de*. Sin embargo, hay otra clase de libertad que pudiera llamarse libertad *para*. Existe la libertad a fin de vivir la clase de vida para la cual fui creado, libertad para llegar a ser el hombre que más quiero ser. Una libertad *para*.

No tienes que ser un experto para reconocer que la clase de libertad que nuestra cultura ansía es la libertad de las restricciones externas. Dile a alguien que no puede hacer algo y probablemente hallará una manera de llevarlo a cabo. Y a veces simplemente por el gusto de hacerlo. Si Nancy y yo estamos en la cama a punto de dormirnos, y ella extiende la mano para apagar la lámpara y le digo: «Te ordeno que apagues esa luz. Debes obedecerme», con seguridad dejará la luz encendida toda la noche simplemente para aclarar que yo no soy su jefe.

¡Tú no eres mi jefe! La libertad de las restricciones externas apelan a todos nosotros, pero no creo que esa sea la libertad que el alma necesita. Por ejemplo, generalmente puedes beber todo el licor que quieras, restringido solo por las leyes que prohíben beber y conducir y la embriaguez en público. No obstante, si quieres emborracharte todas las noches en la privacidad de tu casa, eres libre de hacerlo. Sin embargo, a la larga tu borrachera empezará a causarte problemas. Dañará tu salud. Avergonzará a tus hijos. Acabará con tu matrimonio. Amenazará tu trabajo. Llegarás a un punto en que quieres dejar de beber, pero no puedes. Descubres que *no* eres libre para disfrutar de la sobriedad. Eres libre para beber cuanto quieras, pero no eres libre para dejar de hacerlo.

«Yo te saqué de Egipto, del país donde eras esclavo».

Tu libertad no está condicionada simplemente por las restricciones externas. Hay otra clase extraña de restricción. Tu libertad se halla limitada por una realidad interna que es una especie de ruptura, debilidad o división dentro de ti. Quieres dejar de beber, pero no te es posible. Quieres vivir con una actitud alegre, animada, optimista, pero no puedes. Quieres dejar de gritarles a tus hijos, pero fracasas. Quieres ser la clase de persona que maneja la cólera realmente, realmente bien, pero no lo eres. Te gustaría pensar que has llegado a ser desprendido, pero no es así. No eres libre. La libertad que te falta es una libertad interna, y esta falta interna de libertad es mucho más deshumanizante, mucho más trágica que la que resulta de las restricciones externas.

Esta clase de libertad es interior y preciosa. Se trata de una «libertad del alma». Recuerda que el alma es lo que integra nuestras partes. Si la voluntad es esclava de nuestros apetitos, si nuestros pensamientos están obsesionados con deseos insatisfechos, si nuestras emociones son esclavas de nuestras circunstancias, si nuestros hábitos corporales contradicen nuestros valores profesados, el alma no es libre. La única forma de que el alma sea libre es que todas las partes de nuestra persona estén ordenadas correctamente.

Cuando Nelson Mandela fue enviado a prisión por sus captores, no tenía mucha libertad *de*, pero había dentro de él una libertad que era mucho mayor que la que sus guardias disfrutaban. La libertad más profunda, la libertad que el alma necesita, es la libertad para convertirme en la persona que fui diseñado para ser.

El alma se encuentra en su propia prisión, luego de habérsele echado llave a la puerta y, para su sorpresa, arrojado lejos la llave.

CÓMO HALLAR LIBERTAD PARA TU ALMA

¿Cómo lograr la libertad que tu alma ansía? Esta es la gran iro-
nía en cuanto a la libertad. Para llegar a ser verdaderamente libre,
debes rendirte. Rendirse no es un concepto popular. Va en contra
de todo lo que pensamos que sabemos en cuanto a ser libre. Las
guerras no se ganan por medio de la rendición. ¿Alguna vez has visto a algún equipo rendirse en el Super Bowl? Sin embargo, rendirse
es la única manera de lograr libertad para tu alma.

La persona alcohólica admite que no tiene la fuerza de voluntad
para dejar de beber. Rinde su voluntad, su libertad, a un poder más
alto, y mediante este acto de rendición recibe poder a fin de ser
libre para no beber. Este es un modelo que ha sanado a millones
de personas mediante Alcohólicos Anónimos y no está limitado
al abuso del licor. Si quieres libertar tu alma, reconoce que hay un
orden espiritual que Dios ha diseñado para ti. Tú no eres el centro
del universo. No eres el amo de tu destino. No eres el capitán de tu
barco. Existe un Dios, y tú no eres él. La verdadera libertad viene
cuando abrazas el diseño global de Dios para el mundo y tu lugar
en él. Por eso en la Biblia ves una conexión fuerte entre la ley de
Dios y la libertad del alma.

El salmista escribe: «Por toda la eternidad obedeceré fielmente
tu ley». Luego, en el versículo que sigue, declara: «Y andaré en
libertad, porque busqué tus mandamientos». Por otra parte, en el
libro de Santiago hallamos que «quien se fija atentamente en la
ley perfecta que da libertad, y persevera en ella, no olvidando lo
que ha oído sino haciéndolo, recibirá bendición al practicarla». La
ley de Dios nos fue dada no para obligarnos a obedecer una lista
de reglas, sino para libertar nuestras almas a fin de que vivan a
plenitud y bendecidas.

El alma esclavizada está enferma y necesita vivificarse. En los
primeros siglos de la iglesia, la gente empezó a hablar de la «cura
del alma». Uno de los padres de la iglesia inicial escribió: «Porque la
cura [a veces traducida como el «cuidado»] del alma, la más variable y diversa de las criaturas, me parece que en sí misma constituye

el arte de artes y la ciencia de ciencias». Luego pasa a decir que la cura del alma implica un trabajo arduo, más importante que sanar cuerpos. A veces, cuando usamos una palabra terapéutica como *sanar*, puede sonar como si solo estuviéramos hablando de heridas, cicatrices y dolores que llevamos por todos lados. En efecto, todos los tenemos. Es bueno ser sinceros con respecto a ellos, pero en su esencia, la enfermedad que realmente amenaza nuestra alma es el pecado. Soy cómplice en cuanto a la enfermedad de mi alma de una manera diferente que en lo relacionado con las enfermedades que atacan mi cuerpo. Le digo que sí a la codicia y la lujuria de una manera en que no se lo digo a los resfríos y una garganta inflamada.

> La verdadera libertad viene cuando abrazas el diseño global de Dios para el mundo y tu lugar en él. Por eso en la Biblia ves una conexión fuerte entre la ley de Dios y la libertad del alma.

La enfermedad que le niega al alma su libertad responde muy pobremente al tratamiento convencional. El finado sociólogo estadounidense Philip Rieff sugiere que hemos adoptado un marco terapéutico secularizado para ver la vida, el cual ignora la necesidad del alma. «El hombre religioso nació para ser salvado; el hombre psicológico nació para ser complacido».

PECADO, LIBERTAD Y EL ALMA

Para entender cómo el alma queda esclavizada y dónde está la verdadera libertad, necesitamos considerar tres niveles diferentes en los que el alma queda atrapada. Una manera de pensar en esto es imaginándose un blanco con tres círculos concéntricos que avanzan desde el borde exterior hasta el centro.

Actos de pecado. Estas son conductas particulares. Mentimos. Hacemos trampa en un examen. Chismeamos acerca de alguien. Le gritamos a una persona cuando «no es justo». Podemos cometer estos pecados todos los días sin remordimientos gracias a una herramienta sin la cual no podríamos sobrevivir dada la realidad de nuestras almas: la negación. Un amigo mío le encargó al grupo de investigación Barna que hiciera una encuesta nacional sobre las mayores tentaciones que las personas afirman que enfrentan cuando se trata de pecar. Esto se hizo anónimamente en línea, así que los que respondieron no tenían que preocuparse por si alguien descubría sus pecados más hondos y oscuros. Odio, abuso, racismo, ruptura de familias, avaricia rampante, falta de honradez, violencia. De acuerdo a sus respuestas sinceras, ¿cuáles piensas que son las tentaciones más destructivas que enfrenta el alma humana hoy? ¿Lujuria? ¿Codicia? ¿Odio? ¿Envidia? ¿Falta de honradez? ¿Pornografía?

He aquí cuáles nosotros *decimos* que son:

Número uno: preocupación. «Me veo tentado a preocuparme demasiado. Pienso que tengo que confesar que simplemente no confío en Dios con tanta valentía como debiera». Número dos: postergación. «A veces dejo las cosas para mañana». Número tres: comer en exceso. «En ocasiones como demasiado». Número cuatro: Facebook y Twitter. «Pienso que si quiero ser en realidad brutalmente sincero con respecto a mí mismo, tengo que confesar que a veces uso mas de la cuenta los medios sociales». Número cinco: ociosidad. «Puedo desperdiciar montones de tiempo sin hacer nada».

Incluso con la garantía de que nunca se descubran, no podemos soportar decir la verdad con respecto a nuestros pecados. Tristemente, el alma esclavizada por actos de pecado no puede ser sanada si negamos que tales actos en realidad son nuestra responsabilidad.

El pasaje de Santiago 1.21 no escatima palabras: «Por esto, despójense de toda inmundicia y de la maldad que tanto abunda». No nos reconocemos a nosotros mismos en esas palabras. ¿Inmundicia? ¿Qué es eso? ¿Maldad? ¿Quiere decir que no hemos mejorado nada? Eso son actos de pecado, pero si no los reconocemos en nosotros mismos, continuarán esclavizando nuestra alma.

Condición de pecado. El siguiente anillo en nuestro blanco va más profundo y tiene que ver con nuestra orientación. La Biblia en algunos lugares considera los pecados, pero en otros lugares se dirige al *pecado*. El pecado es un patrón profundamente atrincherado muy por debajo de la superficie, insidioso, como una enfermedad que simplemente fluye de nosotros sin ningún esfuerzo. Mis actos de pecado son premeditados; mi pecaminosidad es más como un hábito que no puedo controlar. Las palabras interesadas simplemente brotan de mi boca, aun cuando no esté tratando de promoverme a mí mismo. Complazco a alguien porque pienso que es importante o atractivo o rico, cuando en realidad ni siquiera me gusta esa cualidad en mí mismo. No sé cómo evitarlo. No sé cómo dejar de hacerlo. Está en mi cuerpo. Actitudes de envidia. Una ingratitud crónica que simplemente aflora. Esos pensamientos que vienen a mi mente.

Pablo dice: «Porque lo que hago, no lo entiendo; pues no hago lo que quiero, sino lo que aborrezco, eso hago [...] Porque no hago el bien que quiero, sino el mal que no quiero, eso hago». Ahora bien, estas son palabras increíblemente importantes, en especial la frase «eso hago». La pecaminosidad implica el hábito de pecar.

Un hábito es un patrón relativamente permanente de conducta que le permite a uno navegar por el mundo. La capacidad para la conducta habitual resulta indispensable para la vida humana. Cuando aprendes a usar un teclado, atar el cordón de los zapatos, tocar el piano o conducir un coche, esto representa un trabajo duro. Tienes que concentrarte. No obstante, después de aprender, se vuelve habitual. Forma parte de tu cuerpo. Los buenos hábitos son enormemente liberadores, pues realizamos cosas buenas casi en piloto automático. Un estudio de la Universidad Duke halló que más del cuarenta por ciento de las acciones que las personas realizan todos los días no son decisiones, sino hábitos.

Los buenos hábitos nos liberan, pero si el pecado se vuelve un hábito, nuestras almas pierden su libertad.

Cuando Pablo afirma que no hay nada bueno en tu naturaleza pecaminosa, no está hablando de un fantasma dentro de ti en algún lugar que está librando una batalla con otro fantasma en alguna parte. Él es un brillante estudiante de la vida humana que sabe que el pecado, la maldad, la perversidad, el engaño, el orgullo, la codicia, el racismo, la ira y la ingratitud se han convertido en una segunda naturaleza para todos nosotros.

Nuestra única esperanza no es más fuerza de voluntad, sino un nuevo conjunto de hábitos.

Puedes superar un hábito mediante la fuerza de voluntad por un momento o dos. Asistes a la iglesia. Lees la Biblia. Adoras. Cantas. Oras. Te sientes en paz con Dios por un momento, y luego tu hábito de pecado vuelve. Los hábitos se engullen la fuerza de voluntad como desayuno.

Nuestra única esperanza no es más fuerza de voluntad, sino un nuevo conjunto de hábitos. Richard Foster me dijo una vez que el teólogo Tomás de Aquino dedicó más de setenta páginas en sus escritos al cultivo de hábitos santos. Del mismo modo, los doce pasos de los Alcohólicos Anónimos se refieren a adquirir nuevos hábitos mediante los cuales tenemos acceso al poder de Dios para hacer lo que la fuerza de voluntad jamás puede lograr.

En eso consistía la cura del alma para los seguidores de Jesús. Se confesaban los pecados unos a otros, oraban y estudiaban las Escrituras juntos. Reemplazaron los hábitos pecaminosos con nuevos hábitos: los hábitos de Jesús. Se reunían y partían el pan juntos no por obligación, sino por supervivencia. Supervivencia del alma.

Pecado original. Este constituye el mismo centro del blanco, la explicación de por qué pecamos en primer lugar. Y nos resulta imposible evitarlo. La frase «pecado original» en realidad no está en la Biblia, pero la narración de la caída de la humanidad de la gracia de Dios en el huerto describe nuestra condición. Algo se ha roto o anda mal con nuestra misma naturaleza. En los seres humanos existe una inclinación hacia el pecado que simplemente está allí.

Los meros esfuerzos humanos (la educación, el medio ambiente, la terapia) no pueden curar el problema del pecado. Mi quebrantamiento, como el tuyo, resulta muy complejo. Parte de él tiene que ver con mis heridas, cicatrices y desencantos, pero en su esencia se halla mi inclinación natural al pecado, la cual se encuentra profundamente embebida en nuestras almas y de forma literal nos está matando. No somos capaces de cambiar esta condición, pero podemos liberar nuestras almas de su poder sobre nosotros al reconocer que está allí, buscando diariamente el perdón y la fortaleza de Dios, y viviendo según la manera en que él nos diseñó.

Es solo cuando nos rendimos a Dios y su voluntad que nuestras almas disfrutan de libertad. Podemos tropezar en el camino, porque nadie es perfecto. No obstante, servimos a un Salvador perfecto que es paciente y siempre está listo para perdonarnos en el momento en que fallamos.

Cuando Rut, la esposa del evangelista Billy Graham, murió en el año 2007, escogió que en su lápida se tallaran palabras que no tenían nada que ver con sus asombrosos logros. Se relacionaban con el hecho de que mientras estemos con vida, Dios permanecerá obrando en nosotros, y entonces seremos libres. Un día ella se encontraba conduciendo por una carretera en la que se estaba llevando a cabo una construcción, de modo que había muchos desvíos y letreros de precaución, maquinarias y equipo. Finalmente llegó al final, y observó un último letrero que decía: «Fin de la construcción. Gracias por su paciencia». Eso es lo que está escrito en la lápida de Rut Graham: «Fin de la construcción. Gracias por su paciencia».

Construcción hoy. Libertad mañana.

CAPÍTULO 13

EL ALMA NECESITA BENDICIÓN

Un gran cirujano llamado Richard Selzer tuvo que realizar un corte en el rostro de una encantadora joven para remover un gran tumor. Hizo lo mejor que pudo, pero en el curso de la cirugía cortó una diminuta sección de un nervio facial que controlaba uno de los músculos de la boca. La cara antes encantadora de la joven quedaría grotescamente retorcida y desfigurada por el resto de su vida. Antes de la cirugía, ella tenía la clase de rostro que hacía que las personas simplemente se detuvieran y la miraran por su belleza. Nadie volvería a hacer eso. Si se detenían para observar su cara de ese día en adelante, sería por otra razón.

Su joven esposo se hallaba junto a su cama de hospital cuando ella pidió un espejo. Al mirarse, le preguntó a Selzer: «¿Quedará mi rostro siempre así?». Él replicó: «Sí. Permanecerá así, porque el nervio fue cortado».

Ella se quedó en silencio, pero su esposo sonrió. «Me gustas», dijo. «Eres encantadora». Y entonces, a fin de darles más énfasis a sus palabras, se agachó para besar su boca retorcida. Selzer escribió: «Estoy tan cerca que puedo ver como él retuerce sus propios labios para acomodarse a los de su esposa. De modo que pueda demostrarle que el beso de ellos todavía funciona».

Él quiso demostrarle a ella que el beso de los dos todavía funcionaba.

Selzer concluyó: «Sé que son los arruinados, los que llevan cicatrices y los defectuosos los que están sujetos a la gracia. Yo buscaría el alma [...] Sí, es el lugar exacto del alma lo que busco. He captado vislumbres de ella...».

El alma se ve cuando se extiende en amor. La palabra que la Biblia emplea para definir esto es bendición.

Mi amigo Dallas solía decirme: «Las iglesias ofrecen seminarios sobre cómo bendecir y no maldecir a otros». Pensé que eso era simplemente un buen dicho. Debería haberlo sabido mejor, pero para mí, la bendición se ha vuelto una trillada frase de iglesia irremediablemente trivial. Alguien estornuda y otro sin pensarlo dice: «Que Dios te bendiga», aunque nos sorprendería si Dios en realidad lo hiciera. O se convierte en una manera de adornar el chisme con ropa dominguera: «No puede cuidar a sus propios hijos, que Dios la bendiga». Es solo una frase que los pastores usan en la puerta el domingo después del culto cuando sienten que deberían expresar algo espiritual, pero no saben qué otra cosa decir. O es una oración segura en los hospitales: si oro «Dios, sana este cáncer», mi reputación está en juego, pero si oro pidiendo una bendición, es difícil que alguien demuestre que soy un fracaso en la oración.

Entonces un día recibí de Dallas un seminario sobre cómo bendecir. Me encontraba con mi esposa e hija. Había otras personas en la habitación, pero en realidad se dirigió a nosotros. Hay dos grandes palabras en la Biblia, dijo Dallas, que describen la postura de nuestras almas hacia otros. Una es bendecir. La otra es maldecir. Somos criaturas con voluntades, y en todo encuentro con otras personas desearemos lo que es bueno para ellas o no lo haremos, sino desearemos lo que es malo. No podemos evitarlo.

Bendecir no es solo una palabra. Bendecir es la proyección del bien hacia la vida de otro. Debemos pensar, sentir y desear nuestras bendiciones a propósito. Comunicamos esto con nuestros cuerpos. La bendición es algo así como el antiguo baile de hokey-pokey; antes de que termines tienes que «ponerle todo de ti».

La bendición nace del alma.

En Génesis, Isaac está a punto de darle su bendición a su hijo. Él le pide que le prepare una comida primero y le dé de comer, para que su alma luego lo bendiga antes de que muera. La idea de que la bendición viene del alma se repite más adelante en el relato cuando Jacob llega para apropiarse de la bendición que debería ser de su hermano Esaú. «Comeré del venado de mi hijo para que mi alma te bendiga».

Resulta aleccionador que Isaac quisiera comer a fin de poder bendecir, desear el bien. El psicólogo Roy Baumeister, preeminente investigador sobre la fuerza de voluntad en nuestros días, nota que el único mayor pronosticador de si los jueces «bendecirán» a los convictos con la libertad condicional es el tiempo transcurrido desde que los magistrados han comido. La palabra *alma* aparece de nuevo cuando Esaú se entera de lo que ha sucedido y pide que el alma de su padre lo bendiga *a él*. Esta secuencia de una comida y la bendición del alma se repite tres veces (Génesis 27.19, 25, 31). Al comer, Isaac «agranda» su alma. En la bendición el alma «se expresa con fuerza para fortalecer el alma del otro».

> *Somos criaturas con voluntades, y en todo encuentro con otras personas desearemos lo que es bueno para ellas o no lo haremos, sino desearemos lo que es malo.*

En cada caso, no es simplemente Isaac quien bendice. La bendición proviene del alma de Isaac. Y resulta tan profunda y real que una vez que ha sido dada, no puede ser revocada. Es deseada de una forma tan profunda que Esaú se deja ganar por el pánico ante la perspectiva de perderla: «Bendíceme también a mí, oh padre mío».

CÓMO SE APRENDE A BENDECIR

Así que nos quedamos sentados, mi esposa, mi hija mayor, Laura, y yo, mientras Dallas nos enseñaba cómo bendecir. Empezó citando la bendición más antigua del mundo, la que Dios le dio a Aarón para que bendijera al pueblo de Israel. «Puedes cambiar las frases si quieres», dijo Dallas, «pero es difícil mejorar las de Dios».

> El Señor te bendiga y te guarde;
> el Señor haga resplandecer su rostro sobre ti,
> y tenga de ti misericordia;
> el Señor alce sobre ti su rostro,
> y te dé paz.

Bendición y maldición no son palabras bíblicas especializadas en absoluto. Simplemente representan dos maneras en que tratamos a los personas. Resultan tan inevitables como exhalar y aspirar.

En nuestras almas, somos agudamente sensibles a ser bendecidos o maldecidos. En cierta ocasión conducía por el centro de Menlo Park, luego de salir de una reunión en la que habíamos hecho planes para ayudar a las personas a aprender sobre el amor de Dios. Me disponía a dar una vuelta a la izquierda. Una conductora que venía de mi derecha no tenía encendida su luz direccional, así que pensé que seguiría de largo. Empecé a avanzar muy lentamente para hacer mi giro. Sin embargo, resultó que ella *en efecto* dio vuelta a la izquierda, pero debido a que yo había avanzado un poco, tuvo que ajustar su giro. Entonces me clavó la vista con una expresión que indicaba: «¿No sabes cómo conducir?».

De inmediato me encolericé. Ella estaba condenándome, y el corazón humano detesta que lo condenen. Quise saltar de mi coche, obligarla a que se detuviera y gritarle: «No fue *mi* culpa; fue *tu* culpa; no usaste tu luz direccional. ¡No obstante, ahora me echas la culpa *a mí*! ¿Cómo te atreves?». Y quise añadir: «¡Tu corazón es perverso y engañoso más que todas las cosas!».

No dije nada, ya que no era práctico hacerlo en medio de la calle y porque la había reconocido: asiste a mi iglesia. Así que simplemente le di la señal de bendición.

Solía pensar que maldecir a alguien significaba lanzarle palabrotas, o un conjuro, pero eso fue bastante fácil de evitar, pues yo no digo muchas palabrotas ni hago conjuros. Sin embargo, mientras escuchaba a Dallas, me di cuenta de cuán errado había estado. Uno puede maldecir a alguien con solo alzar las cejas. Uno puede maldecir a alguien encogiéndose de hombros. He visto a un esposo maldecir a una esposa simplemente permitiéndose un diminuto de silencio antes de decir: «Por supuesto que te quiero». Mientras mejor conocemos a alguien, más sutil y cruelmente podemos maldecirle.

La razón por la que somos tan sensibles, dijo Dallas, es que nuestras almas fueron hechas para ser bendecidas y no pueden sobrevivir sin la bendición. Así que continuó instruyéndonos en cuanto a cómo hacerlo.

Bendecir lleva tiempo, de modo que no te apures. Una de las dificultades para bendecir en estos días es que uno tal vez tiene que sujetar fuertemente a alguien para lograr que se quede quieto lo suficiente a fin de ser bendecido. Recibir una bendición conlleva tanto arte como darla. Pensamos que somos indignos, o empezamos a planear cómo devolver la bendición. Bendecir debe ser asimétrico. No implica una forma de trueque. Es gracia.

Vuélvete hacia la persona a la que quieres bendecir. Mírala a los ojos. No estás simplemente bendiciendo a alguien al azar. Permite que tu mente se concentre en este individuo en particular, el que tienes ante ti.

«El Señor te bendiga...». Esto quiere decir: que el Señor traiga constantemente bien a tu vida. Como el alimento entra al cuerpo, las palabras entran al alma. Cuando Laura era pequeña, algunas de nuestras palabras eran de bendición. Siempre que ella lloraba en su cuna a medianoche, yo iba a su cuarto y le decía: «Voy a acariciarte la cabecita». Me inclinaba sobre ella y tocaba suavemente su pelo hasta que la espalda me dolía, y de nuevo salía de puntillas con la esperanza de que se hubiera dormido. Nunca se

> *Recibir una bendición conlleva tanto arte como darla. Bendecir debe ser asimétrico. No implica una forma de trueque. Es gracia.*

quedaba dormida. «¿Acariciarte la cabecita?», decía ella quedito, y yo me agachaba una vez más. La estaba bendiciendo, aunque entonces no sabía llamarlo así.

Sin embargo, he pensado al mirar los ojos de mi pelirroja hija casada cuán a menudo la presioné como primogénita para que se desempeñara de una manera que me hiciera sentir exitoso como papá. Se me parte el corazón a veces al ver las películas de la familia cuando ella tenía un año: «Di tus palabras, cariño... Di qué ruidos hacen los animales... Desempéñate». Cuando Laura iba al segundo grado, le oí decirle a un grupo de personas cuánta ansiedad experimentaba al principio del año escolar, cómo sentía un gran nerviosismo en su estómago. Qué encantadora es hablando como hablan los adultos, pensaba. No tenía ni idea de cuánta ansiedad sentía esa pequeña alma; cuán agudamente eso la acosaría en años posteriores. Ella soportó todo sola, porque yo no lo sabía, porque de muchas maneras yo aumenté su carga.

Esos recuerdos —y un millón más— de alegría y tristeza, de orgullo y lamento, llenaban mi mente y mi corazón al mirarla a los ojos. «El Señor te bendiga...».

«El Señor... te guarde». Dallas dijo que esto significaba que estoy dispuesto a aceptar que Dios la proteja; que el cuidado y amor sacrificial de Cristo derramado en la cruz guarde todo lo que es sagrado y precioso de ella. Piensa en esas palabras que dices, nos dijo Dallas. Mírala a los ojos. Haz énfasis en que te diriges a esa persona.

«El Señor haga resplandecer su rostro sobre ti». Si tienes preguntas con respecto a esto, dijo Dallas, piensa en la cara de un abuelo embelesado con un nieto. Dallas tiene una nieta, y ella estaba con nosotros ese día. Observé su cara mientras él pronunciaba estas palabras. Ella resplandecía, brillaba.

«Tu cara fue hecha para brillar», dijo él. «La gloria siempre brilla. La gloria fue hecha para ser compartida».

«El Señor alce sobre ti su rostro...». Alzar el rostro es lo que hacemos cuando en efecto le permitimos saber a alguien que estamos presentes por completo. Implica el acto de darse uno mismo.

La primera vez que traté de besar a Nancy, ella volteó su cara a un lado y todo lo que hallé fue una sección de su mejilla para besar. Sin embargo, llegó el día en que ella no hizo la cara a un lado, sino «alzó su rostro» hacia mí.

«Y te dé paz». Paz sin amenaza, sin perturbación. Al mirar los ojos de mi hija y decir esto, los mismos ojos que recuerdo haber mirado con orgullo por primera vez hace más de dos décadas y media, ellos se llenaron de lágrimas. También los míos.

Y el alma se sintió valorada.

VALE LA PENA BENDECIR A UN ALMA

En el libro de Éxodo, Dios le dice a su pueblo: «No oprimirás al extranjero; tú conoces el alma del extranjero, porque extranjero fuiste tú en la tierra de Egipto». Esas son palabras asombrosas. Toda persona tiene un alma. Nosotros denigramos a las personas cuando nos olvidamos de que albergan la profundidad y dignidad de un alma. Incluso las personas que no quiero tienen almas. El alma clama por conexión. Amar a alguien con el alma quiere decir que tu voluntad, tus decisiones, tu mente, tus pensamientos, tus sentimientos, tu cuerpo, tus conductas y tus hábitos están alineados para buscar el bien del ser entero de esa persona ante Dios. Bendecimos el alma cuando amamos de esa manera. Eso es amor del alma.

Existe el amor del alma entre amigos, tal vez registrado de forma más asombrosa en el relato bíblico de Jonatán y David: «El alma de Jonatán se apegó a la de David. Jonatán lo amó como a su propia alma. Jonatán hizo un pacto con David, porque lo amaba como amaba a su propia alma. Jonatán se quitó el manto que llevaba puesto, y se lo dio a David, así como también su armadura; en efecto, hasta su espada, su arco y su cinturón». Este pacto, un acto de la voluntad, es tan profundo que Jonatán le da a David su armadura; una manera simbólica de decirle a David que él (David) llegará a ser rey un día y que Jonatán accede a esto desde lo más hondo de su ser. Jonatán procurará el bien de David a costa de su ambición y a riesgo de su vida. Él se colocará a sí mismo en desventaja por el bien de su amigo.

El alma de una persona puede entrelazarse con el alma de otra. Se afirma que Aristóteles dijo: «¿Qué es la amistad? Es una sola alma morando en dos cuerpos». El término antiguo para tal relación es «amigo del alma», definido como alguien con quien no tengo secretos. Los antiguos cristianos celtas dijeron que «una persona sin un amigo del alma es como un cuerpo sin cabeza».

La profundidad del amor romántico, sexual, exige un lenguaje del alma. La esposa, en el Cantar de los Cantares de Salomón, le llama a su esposo: «tú a quien ama mi alma». Una relación sexual está profundamente llena del alma. La relación sexual enfoca el cuerpo, la mente y la voluntad de una manera única. El alma conecta e integra, y la unión sexual es diferente a todas las demás. La razón por la que somos llamados a reservar la intimidad sexual solo para el matrimonio es que ella honra el alma.

También vemos el amor del alma en el afecto de un padre por un hijo. Tengo un amigo en Chicago llamado Joel que creció en una granja. Contrajo polio cuando tenía diez meses de edad, así que para él andar siempre ha sido realmente, realmente trabajoso. Nunca ha corrido ni un solo paso en toda su vida, y ya frisa los cincuenta. Joel tiene un hijo llamado Evan. ¿Adivina qué deporte llegó Evan a preferir? Las carreras. Le encanta correr competitivamente y ha llegado a ser bastante bueno, así que Joel en ocasiones me envía fotos por correo electrónico de su hijo compitiendo, incluso algunas de Evan compitiendo en la carrera con vallas de las pruebas olímpicas de Estados Unidos. Allí estaba Evan con una camiseta verde, a la cabeza del grupo al cruzar la línea de llegada, con una mirada de determinación, gozo y algo más en su rostro que entusiasma a todo el que la ve. Representó a Estados Unidos en los Juegos Olímpicos de verano del año 2012,

El alma es así. Joel, que nunca pudo correr, está sentado en los graderíos. Su alma se encuentra abajo en la pista, corriendo con su muchacho.

y si lo ves correr y observas con detenimiento, verás el alma de mi amigo corriendo a su lado.

El alma es así. Joel, que nunca pudo correr, está sentado en los graderíos. Su alma se encuentra abajo en la pista, corriendo con su muchacho.

Uno ve manifestaciones de esto en padre e hijos por todas partes. ¿Alguna vez has contemplado a una mamá o papá en un concierto escolar donde su hijo canta? ¿Qué es lo que los padres hacen? Mueven los labios con las palabras que su hijo está cantando. El alma emerge con amor.

DISEÑADOS PARA BENDECIR

En efecto, los investigadores han hallado lo que a veces llaman «neuronas de espejo», las cuales indican que estamos diseñados para bendecir. Cuando observamos a otra persona realizar una acción, tenemos neuronas que se disparan tal como si nosotros mismos la estuviéramos realizando. Los investigadores especulan que esto nos permite aprender por imitación, pero también tener empatía por otras personas. En realidad, los estudios del cerebro nos están enseñando incluso más con respecto al alma. Cuando observamos a otra persona sufrir, una parte profunda en el cerebro detrás de los lóbulos llamada la corteza cingulada anterior (CCA) se enciende en actividad. Mientras mayor sea la angustia, más brillantemente se enciende la CCA. Sin embargo, la actividad en la CCA no predice el altruismo. Este es predicho por la actividad de otra parte del cerebro (la CPFDM... ¡no preguntes!). Resulta que tenemos mayor probabilidad de en efecto ayudar a alguien no simplemente cuando lo vemos sufrir, sino también cuando nos consideramos nosotros mismos «apegados» a esa persona (esto es lo que indica la actividad la CPFDM).

Ver el sufrimiento no me impulsa a actuar si considero al individuo como «él». (Recuerda al sacerdote y al levita en la parábola del buen samaritano.) Sin embargo, cuando pienso acerca de esa persona como una parte de «nosotros», una parte de «mí», entonces me siento impulsado a bendecir. Jesús puede haber estado hablando muy literalmente cuando dijo: «Ama a tu prójimo como a ti mismo».

¿Qué tal si nuestras almas se extendieran en amor humilde hacia todas las personas que Dios trae a nuestro mundo? No merecedoras, pero amadas. El alma bendice al amar. Nuestras almas necesitan bendición.

CAPÍTULO 14

EL ALMA NECESITA
SATISFACCIÓN

Michael Singer, autor de éxitos de librería, explica que en caso de que no lo hayas notado, existe un breve diálogo mental que tiene lugar en tu cabeza todo el tiempo. He aquí una muestra: «¿Por qué ella me miró de esa manera? Apuesto a que yo no le gusto. Y a mí ella nunca me ha gustado. No sé cómo logró pescar a su esposo; sin embargo, yo sería feliz con un esposo como ese....». Y así sigue y sigue. Esa vocecita dentro de nuestras cabezas nunca se calla.

Ahora mismo, tal vez estás escuchando algo como esto: «¿Cuál voz? No hay ninguna voz hablando dentro de mi cabeza». Esa es la voz a la que me estoy refiriendo. Y si te preguntas lo que desea, la respuesta es fácil. Quiere más. Siempre más.

Un amado anciano de ochenta y tantos años, fundador de la iglesia donde trabajé, fue por décadas profesor del Nuevo Testamento y se llamaba Dr. Gilbert Bilezikian. Le decíamos «Dr. B.». Él solía caminar de su casa a la Universidad Wheaton, donde trabajaba. En realidad, tomé una de sus clases cuando estudiaba allí. Un día, mientras se dirigía a la universidad, notó que un vecino había colgado un letrero en su puerta del frente. Era un letrero muy hermoso, muy artístico y creativo, que mostraba el nombre de la calle y el número de su casa. Al Dr. B., nacido en Francia, siempre le encantó la belleza. (Le dijo a mi esposa un día, con su voz tan parecida a la del Inspector Clouseau: «Te ves particularmente encantadora hoy». Ella contestó: «Me hubiera sentido incluso más halagada si no pensara que usted se lo dice a casi toda mujer que pasa». Él respondió con gran encanto: «Lo digo muchas veces».) El simple hecho de pasar frente a ese letrero le dio gran placer, tal era su belleza. Y halló que por el resto del día no podía dejar de pensar en eso.

Al día siguiente, cuando salió de su casa, esa vocecita dentro de su cabeza le dijo: «En realidad espero ver ese letrero». Con certeza, al pasar por donde estaba el letrero, el Dr. B. sintió la misma ráfaga de admiración que el día anterior. «¡Esta es una hermosa obra de arte!», exclamó para sus adentros. Esto sucedió todos los días. Se descubrió a sí mismo esperando con anhelo pasar frente a ese letrero y admirar su belleza, hasta que un día sucedió algo muy extraño. Al pasar por esa casa y ver el letrero, esta vez la voz dentro de su cabeza le dijo: «¿Por qué tu vecino tiene un letrero tan hermoso como ese y tú no? Piensa cuánta alegría te daría poseer algo de tal belleza y que todo el vecindario lo viera y supiera que es tuyo. Deberías tener uno. Deberías tener uno».

Como si eso no fuera suficiente, otra cosa peculiar sucedió. El pasar frente a la casa de su vecino ya no sintió alegría. Ahora simplemente esto lo perturbó. Ahora cada vez que veía el letrero, era un recordatorio de lo que no tenía y nunca podría tener. Sabía que sería costoso comprar un letrero así, y como profesor no ganaba mucho dinero. Él y su esposa estaban pagando los estudios de sus hijos. Incluso si tuviera el dinero, sabía que su esposa no querría que gastara tanto en un letrero.

«¿No podrías admirarlo sin torturarte tú mismo pensando cómo poseerlo? Puedes admirar sin tener que adquirir».

Continuó pasando frente a ese letrero y sintiendo el resentimiento de no poder tener uno así, hasta que a la larga un día pasó frente a él y oyó otra voz que le hablaba dentro de su cabeza: «Dr. B», empezó (incluso Dios lo llamaba Dr. B.), «¿no podrías disfrutar de ese letrero sin poseerlo? ¿No podrías ser feliz por aquella persona que lo tiene? ¿No podrías ser feliz porque la gente logre verlo? ¿No podrías admirarlo sin torturarte tú mismo pensando cómo poseerlo? Puedes admirar sin tener que adquirir».

Y eso fue lo que hizo. Simplemente convino con ese pensamiento, y desde ese día en adelante pasó frente al letrero diciéndose a sí mismo: «Simplemente lo admiraré sin la necesidad de adquirirlo».

ANSIA CONSTANTE

Cuando se preguntaban a sí mismos: «¿Cómo le va a mi alma?», los escritores bíblicos descubrieron constantemente que sus almas nunca estaban satisfechas. Todo el tiempo ansiaban algo. La palabra hebrea para alma, *nefesh*, se describe repetidas veces como ansiar o querer, o desear o esforzarse. Por eso la palabra *nefesh* a menudo en la Biblia se traduce como boca, estómago o garganta.

La forma hebrea de describir la experiencia humana es muy concreta. La Biblia habla de que el alma tiene hambre o sed, o está hueca o vacía, insatisfecha. Se leen enunciados tales como estos: «Es mejor estar satisfecho con lo que el ojo ve que vivir con una *nefesh* que ansía, un alma que ansía, la cual todos tenemos». El libro de Génesis relata la violenta historia de un hombre llamado Siquem que violó a una mujer llamada Dina. Se afirma en efecto: «Su *nefesh*, su alma, ansiaba a Dina».

Cuando la voluntad se vuelve esclava de su necesidad, cuando la mente se obsesiona con el objeto de su deseo, cuando el apetito del cuerpo se ha convertido en amo y no en siervo, el alma se desordena. La realidad suprema detrás de la insatisfacción humana son las almas pecadoras que se han separado del Dios en el que estamos supuestos a descansar. Por eso nos sentimos insatisfechos.

Nuestras almas siempre están ansiando, nunca satisfechas. El profeta Habacuc escribió en cuanto al hombre pecador: «Ves, el enemigo es arrogante; sus deseos no son rectos [...] En verdad, el vino lo delata; es arrogante y nunca reposa». Esta es la vida en nuestro mundo, nunca hay reposo. Él abre su alma tan ampliamente como la tumba, «y como la muerte nunca está satisfecha». A veces en el Antiguo Testamento se describe al alma como un lugar hueco donde domina el hambre; el alma ansía los primeros higos maduros, carne o vino.

Muchas personas se sienten insatisfechas con sus trabajos. El «teólogo» Drew Carey dijo: «¿Detestas tu trabajo? Hay un grupo de respaldo para eso. Se llama todos. Ellos se reúnen en la cantina». Un grupo de investigación afiliado a la Universidad de Chicago publicó hace poco la lista de los diez trabajos menos felices y los diez trabajos más felices del mundo. Lo que hallaron fue que los diez trabajos menos felices en realidad eran más lucrativos financieramente y ofrecían una posición más alta que los diez trabajos más felices. ¿La diferencia? Las personas en los trabajos más felices tenían un alto sentido de significado. Menos dinero, menos estatus, pero más alto sentido de significado. Lo principal que llevas de tu trabajo a casa no es un cheque de pago. Lo principal que llevas de tu trabajo a casa es tu alma. El trabajo es una función del alma. Somos hechos para producir valor. El escritor de Eclesiastés dice: «No hay nada mejor para una persona que hacer que su alma disfrute bien en su trabajo. Esto, también viene de la mano de Dios».

Una paradoja del alma es que resulta incapaz de satisfacerse a sí misma, pero también es incapaz de vivir sin satisfacción. Estás hecho para hallar la satisfacción del alma, pero la hallarás solo en Dios. El alma ansía sentirse segura. El alma ansía ser amada. El alma ansía ser significativa, y hallamos todo esto solo en Dios de una forma que en realidad puede satisfacernos. Por eso el salmista le dice a Dios: «Debido a que tu amor es mejor que la vida [...] mi alma estará satisfecha como con los más ricos de los alimentos». El alma, el apetito y la satisfacción son temas dominantes en la Biblia; el alma ansía porque está destinada a Dios. «Alma mía, en Dios solamente reposa».

DESENCANTO ESTRATÉGICO

Jesús dijo que si dedicas tu vida a agradarte a ti mismo, en realidad destruirás tu alma; en tanto que si pones el honrar a Dios por encima de complacerte a ti mismo, tu alma estará verdaderamente satisfecha. «Porque el que quiera salvar su alma la perderá, pero el que pierda su alma por mí y por el evangelio la salvará». El alma desea una vida que es más que la satisfacción del deseo. En otras palabras, nunca lograrás la satisfacción si haces de la tarea de hallarla el objetivo de tu vida.

El salmista se hace eco de esta paradoja cuando escribe: «Señor, mi corazón no es soberbio, ni mis ojos altivos [...] sino que he calmado y acallado mi alma; como niño destetado en el regazo de su madre, como niño destetado reposa en mí mi alma». Esta constituye una imagen penetrante de mi relación con mi alma. ¿Cómo se desteta a un niño? Se hace mediante un desencanto estratégico. Deliberadamente le niegas al niño lo que quiere a fin de que aprenda que puede ser amo y no esclavo de sus apetitos.

Esta metáfora sugiere que tu alma está llegando a ser como ese niño destetado. No está fastidiándote con deseos insatisfechos todo el tiempo. Estás aprendiendo que tu alma puede satisfacerse con Dios, incluso si todos los apetitos de tu cuerpo o los deseos que flotan en tu mente no son complacidos en todo momento, porque la gratificación de la mente y el cuerpo en realidad desmantelan tu alma.

Cuando sufres un desencanto, cada vez que no te sales con la tuya, considera esa situación como una oportunidad de practicar la satisfacción del alma en Dios.

El desencanto estratégico es otra de esas categorías donde la investigación refuerza la sabiduría del alma. Resulta que incluso los monos que sufren un estrés leve en su infancia, adolescencia y vida adulta, en verdad crecen a través de este. Son más capaces de hacerle frente a situaciones estresantes; también son más curiosos, exploradores y resistentes en el mundo en general. Además, el estrés leve parece aumentar el tamaño del cerebro, y en efecto hace que se desarrollen neuronas nuevas. Cuando sufres un desencanto, cada vez que no te sales con la tuya, considera esa situación como una oportunidad de practicar la satisfacción del alma en Dios.

Eso en verdad funciona, como aprendí de cierta manera por la vía difícil. Nancy y yo nos reunimos con un amigo que resultó que había hablado con alguien que trabajó junto a ambos en nuestra iglesia anterior en Chicago. Él nos contó que este individuo había dicho cosas buenas sobre nosotros dos, así que, por supuesto, quise saber lo que dijo, en especial acerca de mí. Mi amigo empezó con Nancy.

Habló y habló en cuanto a cómo Nancy ilumina un salón. Eso tenía sentido, porque ella lo hace. Si la conoces, sabes que es así. Ella aporta mucha energía. Hace que todos los demás cobren vida. Juega duro, se ríe fuerte, llega a lo profundo y trabaja con ahínco. Dice las cosas difíciles que nadie más en el salón tiene el valor para decir. Logra que todos los que la rodean simplemente quieran ser mejores seres humanos. Es bueno oír que nuestro amigo mutuo recordaba eso en cuanto a Nancy, pero con todo yo quería oír lo que él había dicho sobre mí.

«John», dijo, «a ti se te admira por la forma en que trabajas dentro de tus limitaciones».

En un inicio, quedé desencantado. Eso no era exactamente lo que quería que él dijera. Sin embargo, yo era como el mono en la prueba del estrés y necesitaba crecer mediante mi desencanto, y en ese momento crecí. Me desprendí de mí mismo y me apoyé en el gozo de que a Nancy se la recordará tan bien. Permití que mi alma quedara satisfecha simplemente al ser amada por Dios.

Esta misma semana recibí noticias de dos amigos míos, ambos profundamente dedicados al mismo campo vocacional. Uno llamó para decirme que había recibido una gran promoción. El otro amigo se comunicó para informarme que lo habían pasado por alto en una promoción. He aquí lo que resulta excelente en cuanto al atractivo de un alma satisfecha: mi amigo que no recibió la promoción organizó una fiesta enorme a fin de celebrar las buenas noticias para su amigo que sí la recibió. ¡Qué gran ejemplo de un alma que reposa en Dios en vez de depender del aplauso y el logro!

Aquí hay algo de tarea para el alma, a la manera de Dallas Willard:

Si quieres en realidad sentir el flujo del amor como nunca antes, la próxima vez que estés en una situación competitiva [en el trabajo, una relación personal, con alguien cuyos hijos tengan más logros o mejor apariencia, o donde sea y como sea], pide en oración que los que te rodean se destaquen más, reciban más alabanza, y que Dios los use más que a ti mismo. En realidad, bríndales tu respaldo y regocíjate en su éxito. Si los cristianos universalmente hicieran esto los unos por los otros, la tierra pronto se llenaría del conocimiento de la gloria de Dios.

EL ALMA ADORA LO QUE DESEA

Asistí a un funeral en el que el fallecido era un hombre que solía bromear en vida diciendo que a él lo veían solo dos veces en la iglesia: en Pascua y Navidad. «Mi cuerpo hace sombra en la puerta de una iglesia simplemente dos veces al año», solía reírse. Fue divertido de cierta manera, hasta que pensé: «Excepto por el último año de su vida. Entonces será en Pascua, Navidad y un funeral». Su asistencia a la iglesia aumentó cincuenta por ciento durante su último año.

La verdad es que satisfacemos nuestra alma mediante la adoración.

Kent Dunnington, profesor de filosofía, escribe acerca de un paramédico que conoce que recibió una llamada anónima informándole que un drogadicto se hallaba al borde de la muerte en un edificio abandonado cercano. Cuando el paramédico llegó, el pobre hombre se encontraba tiritando en un rincón, incapaz de responder y casi medio muerto. El lugar hedía a rayos y estaba regado de basura y parafernalia de drogas.

Kent le preguntó a su amigo cómo marcharon las cosas. El comentario del paramédico fue insólito: «Me quedé aterrado, pero por primera vez en mi vida entendí cómo se ve la adoración».

La adicción, explicó Kent, es un tipo de adoración, una clase de adoración falsa. El alma fue creada para adorar. El alma requiere

un centro que le dé identidad, tener un propósito para sus actividades, algo que le proporcione esperanza y un cimiento. No hay
cosa tal como una persona no comprometida. Un adicto es el ejemplo supremo de tratar de satisfacer el alma con las cosas erradas.
Mientras más las alimentas, más ansías. Una de las maneras de
diagnosticar tu máxima consagración es preguntándote: ¿qué cosa
es la que más te irrita cuando tu alma se ve amenazada?

Neal Plantinga, autor y anteriormente profesor del seminario,
una vez dijo algo asombroso en cuanto a nuestra capacidad para
la adicción. Él afirmó que eso muestra
que fuimos diseñados para el éxtasis. No
la droga, sino el gozo puro y eufórico.

> La paradoja de la satisfacción del alma es esta: cuando muero a mí mismo, mi alma cobra vida.

Nuestra ansia incesante de más, aunque
es capaz de matarnos cuando no hemos
sido redimidos, puede ser un indicio del
gozo para el que fuimos creados cuando
el alma halla su centro en Dios.

La paradoja de la satisfacción del alma es esta: cuando muero a
mí mismo, mi alma cobra vida. Dios dice que el enfoque errado con
relación a la sed del alma tiene lugar mediante el logro humano y
la riqueza material. Así que la satisfacción del alma no es cuestión
de adquirir las cosas correctas, sino de adquirir el alma correcta.
No se trata de algo que uno compra, sino de algo que uno recibe
libremente de Dios.

Escucha estas palabras del profeta Isaías: «¡Vengan a las aguas
todos los que tengan sed! ¡Vengan a comprar y a comer los que no
tengan dinero! Vengan, compren vino y leche sin pago alguno.
¿Por qué gastan dinero en lo que no es pan, y su salario en lo que
no satisface? Escúchenme bien, y comerán lo que es bueno, y se
deleitarán [sus almas] con manjares deliciosos».

Y estarás satisfecho.

CAPÍTULO 15

EL ALMA NECESITA GRATITUD

Intenta hacer un breve experimento. Te llevará dos días completos, pero te enseñará una lección importante acerca del alma.

Hoy, al saludar a las personas, empieza tu conversación con una breve queja. La Biblia lo llama murmurar, como cuando dice «Háganlo todo sin murmuraciones». Puede ser una queja acerca de algo en tu vida: tu salud, tu trabajo, problemas de dinero, el hecho de que no tengas esposo o esposa, o la eventualidad de que *en efecto* tienes el cónyuge que tienes. Puede tratarse de algo en cuanto a la persona a la que estás saludando. No te gusta cómo se viste. O simplemente no te agrada su personalidad, o tal vez sientes envidia. Simplemente saluda a un amigo o colega con algo así: «¡Vamos, dormí de manera horrible anoche!». Quedaré encantado si no puedes pensar en nada.

Mañana, trata de saludar a las personas con una palabra de gratitud. Espero que esto sea más fácil para ti que la asignación de hoy. Piensa en algo por lo que estás genuinamente agradecido: tu familia, un amigo, tu salud, tu trabajo, el clima, tu iglesia. Puede sonar como: «¡Vaya! En una mañana como esta, simplemente uno se siente bien solo por estar vivo, ¿verdad?».

Después de que hayas intentado este breve experimento, pregúntate cuál día produjo sentimientos más positivos en ti. ¿Qué día te dejó sintiéndote vibrante, más vivo y más cerca de Dios? Estoy bastante seguro de que sé la respuesta, porque el alma prospera en la gratitud. Nos sentimos mejor cuando somos agradecidos, ya que el marco mental fundamental de la vida del alma es la gratitud.

En la carta de Pablo a la iglesia en Colosas, él ofreció algunas reglas nuevas para ayudarlos a vivir de un modo más auténtico como seguidores de Cristo. La enseñanza falsa había introducido herejías en la iglesia, y Pablo deseaba recordarles que practicaran la misma actitud de Jesús al interactuar mutuamente y con sus prójimos. Después de hacer una lista de cualidades tales como compasión, bondad, paciencia, humildad y cosas parecidas, acaba esta sección de la carta con un llamado a la gratitud: «Y sean agradecidos [...] canten salmos, himnos y canciones espirituales, con gratitud de corazón a Dios. Y todo lo que hagan, ya sea de palabra o de hecho, háganlo en el nombre del Señor Jesús, dando gracias a Dios el Padre por medio de él».

La verdad es que todos nosotros podemos absorbernos tanto en nosotros mismos, que demasiado a menudo no apartamos un tiempo para ser agradecidos con Dios y los demás.

En otra de sus cartas, él exhorta a los cristianos: «Den gracias a Dios en toda situación, porque esta es su voluntad para ustedes en Cristo Jesús». Acuérdate que estas personas habían sido redimidas por Dios —eran seguidores de Jesús— sin embargo, necesitaban que se les recordara que debían ser agradecidos. No solo cuando las cosas marchaban bien, sino en *todas* las circunstancias. Si alguien debiera practicar la gratitud, ¿no tendrían que ser los cristianos? La verdad es que todos nosotros podemos absorbernos tanto en nosotros mismos, que demasiado a menudo no apartamos un tiempo para ser agradecidos con Dios y los demás. «¿Por qué te abates, oh alma mía...?», pregunta el salmista. Tal vez se deba a que no estás alimentándola con la gratitud que necesita.

EL PAQUETE DE BENEFICIOS DE DIOS

Una mayor gratitud no es resultado de adquirir más cosas o experiencias, sino de tener más conciencia de la presencia de Dios y su bondad. Esto constituye una forma de enfocar la vida siempre percibiendo el bien. La gratitud es un subproducto de una manera de ver las cosas, y siempre incluye tres factores. El vocabulario es algo inusual, así que tendrás simplemente que lidiar con él. Los términos provienen de la antigua palabra en latín *bene*, que significa bien, y la gratitud siempre incluye tres *benes*.

Primero, el *beneficio*. A fin de ser agradecido, tienes que recibir y reconocer un don que estás convencido de que es bueno. Lo hallas favorable. La Biblia dice: «Alaba, alma mía, al Señor, y no olvides ninguno de sus beneficios. Él perdona todos tus pecados y sana todas tus dolencias; él rescata tu vida del sepulcro y te cubre de amor y compasión; él colma de bienes tu vida». Nada puede ser mejor que eso, ¿verdad? Sin embargo, lo importante es recordar que es Dios quien hace todo esto. Estos son beneficios que él nos da, y el alma responde con gratitud.

En segundo lugar, la gratitud requiere que haya un *benefactor*. Aquí aparece de nuevo la palabra *bene*, el latín para «bueno», esta vez unida a «factor», que se relaciona con la palabra *factoría*. Un benefactor es alguien que hace el bien, una pequeña fábrica que produce cosas buenas. Para ser en verdad agradecido no solo debes reconocer los beneficios o dádivas que te salen al paso, sino también que no son simplemente acciones al azar, no son accidentes. Provienen de Alguien que tiene buenas intenciones para ti. Para ser agradecido como cristiano, debes creer que el bien que hay en tu vida viene de Dios. No de tus propios esfuerzos o méritos. No de otros que tal vez quieren impresionarte o manipularte para su propia ganancia.

El apóstol Santiago escribe: «Mis queridos hermanos, no se engañen. Toda buena dádiva y todo don perfecto descienden de lo alto, donde está el Padre que creó las lumbreras celestes». La luz es una expresión de bondad, y cuando consideramos lo que Dios ha hecho por nosotros y lo que nos ha dado, nuestras almas se sienten agradecidas.

Además del beneficio y el benefactor está también el *beneficiario*: el que recibe las buenas dádivas de Dios. Y ese eres tú. Eres el beneficiario de los beneficios de un Dios que desea en su corazón lo mejor para ti, y esto es algo que tiene lugar todo el tiempo. No obstante, cuando los damos por sentado o pensamos que nos merecemos sus dones, ya no somos agradecidos. No puedes ser agradecido por algo que piensas que es tu derecho, y sin un corazón agradecido el alma sufre. Esto se debe a que el alma necesita gratitud.

Aquí es donde muchos de nosotros fallamos la prueba de la gratitud, ya que tendemos a mirar a nuestro alrededor y pensar que lo que poseemos lo hemos ganado con nuestro propio ingenio. O que tenemos derecho a las bendiciones de nuestra vida. Sin embargo, la gratitud siempre brota de una postura de humildad. Cuando compras un nuevo automóvil y lo llevas a casa desde el concesionario, tal vez te entusiasmes porque puedes comprar un nuevo coche, pero no necesariamente te sientes agradecido con la empresa GM o Ford. No obstante, ¿qué tal si yo conduzco hasta tu casa un flamante Porsche, lo estaciono en la rampa de entrada y te doy la llave? «Toma, es tuyo. Simplemente quiero que lo tengas». Estoy casi seguro de que por lo menos dirías: «Gracias».

¿Bromeo? Probablemente me darías un abrazo, me agradecerías y me preguntarías por qué razón hice eso, y me volverías a abrazar y me agradecerías una y otra vez. Te costaría mucho creer en tu buena suerte. Esa es la clase de gratitud que nuestra alma necesita al considerar todo lo que Dios ha hecho por nosotros. No merecemos todo lo que nos ha sido dado.

El modo predeterminado de la raza humana pecadora es sentirse con derecho, tener la creencia de que ese don o esa experiencia que Dios ha puesto en mi camino es mía de manera legítima. Que se me debe.

Sin embargo, he aquí el problema: mientras más te consideres con derechos, menos agradecido serás. Mientras mayor sea el sentido de derecho, más pequeño será el sentido de gratitud. Nos preguntamos por qué en nuestro mundo seguimos logrando más y más y más y siendo menos y menos y menos agradecidos. Es precisamente por esto.

Mi mente pecadora puede convencerme de que tengo derecho a cualquier cosa que quiero, y si no estoy alcanzando lo que deseo, alguien en el universo debe estar estorbando, y me lo deben, y deben pagar por eso. En realidad, esto ha conducido a una proliferación de pleitos judiciales, porque cuando no obtenemos algo que en verdad queremos, entablamos un juicio contra alguien.

Eso de creernos con derecho penetra profundamente en nosotros. Por eso, para el alma, la ingratitud no es solo un problema psicológico o un empobrecimiento de nuestra experiencia emocional. Constituye un pecado.

No soy aficionado a los barcos, pero tengo amigos que saben navegar. Me dicen que escoger el nombre para un barco es realmente un asunto serio. Cuando estaba en la universidad, uno de mis instructores era decano de su departamento. Él poseía un bote de pesca al que quería mucho. En realidad, le puso a su bote el nombre de *Desarrollo de la Facultad*, a fin de poder escribir en su informe de personal: «Estoy pasando cada vez más tiempo en el desarrollo de la facultad». Y esta era universidad bíblica, aunque no lo creas.

Mi antiguo colega Bill Hybels vio una vez en la bahía de Newport Beach en California un yate hermoso, reluciente, de millones de dólares, cuyo nombre estaba pintado en letras grandes y gruesas en su costado. Se llamaba *Merecido*. Lo que sea que tengo, me lo merezco. Eso de creernos con derecho penetra profundamente en nosotros. Por eso, para el alma, la ingratitud no es solo un problema psicológico o un empobrecimiento de nuestra experiencia emocional. Constituye un pecado.

Pablo afirma que esta es una característica de una vida opuesta a Dios. «A pesar de haber conocido a Dios, no lo glorificaron como a Dios ni le dieron gracias, sino que se extraviaron en sus inútiles razonamientos». Tal conexión resulta muy interesante. El razonamiento de estas personas fue inútil. Se percibían a sí mismas con derecho, como si se les debiera, no como receptores agradecidos de la gracia en todo momento. «No olvides ninguno de sus beneficios...».

LA CAPACITACIÓN PARA LA GRATITUD

En los días de Jesús, todo israelita devoto elevaba lo que llamaban las Dieciocho Bendiciones. Ahí encontramos la misma raíz de nuevo: *bene*, bueno. Y además el término *dicción*: palabras, habla. Una bendición representaba buenas palabras. En el hebreo, una bendición era cualquier oración que empezaba con la palabra *bendito*. En la mañana, cuando se despertaban, repetían dieciocho veces: «Bendito seas, Dios». En la noche, antes de irse a la cama, repetían dieciocho veces: «Bendito seas, Dios». Al mediodía, hacían una pausa y elevaban las dieciocho oraciones: «Bendito seas, Señor, que perdonas en abundancia». Las bendiciones en hebreo conectaban el don con el Dador. Les recordaban a los ciudadanos de Israel que todo lo que era bueno provenía de Dios.

Ellos estaban entrenándose para ser agradecidos, y les encantaba hacerlo, porque sabían que la vida con Dios era la vida buena. Oraban las dieciocho bendiciones una vez más en el sabbat, porque les encantaba ese día. Sabían plenamente quién proveía la vida buena, y sus almas se mostraban agradecidas.

El término hebreo para gratitud es *jikarat jatov*, que quiere decir literalmente «reconocimiento de lo bueno». Eso es lo que sostiene tu alma. Eso es lo que te eleva más allá de ti mismo y hasta la presencia de Dios. Empecé este capítulo con un experimento, y me gustaría concluir con otros dos. Considera estos experimentos como una «capacitación en la gratitud».

El primero consiste en escribir lo que yo llamo la «carta de gratitud». Funciona de esta manera: piensa en alguien que haya impactado tu vida para bien, alguien a quien tal vez hayas conocido por algún tiempo: un amigo, un mentor, una persona que te animó. Alguien sin cuya influencia serías un ser humano diferente.

Luego dedica un tiempo para escribirle una carta diciéndole por qué estás agradecido con Dios por él o ella. No tiene que ser una tesis; apunta a algo entre un mensaje en Twitter (140 caracteres) y un par de páginas. No te preocupes por lograr que sea gramaticalmente perfecta ni una obra de arte literaria. Simplemente dile a esa persona por qué estás agradecido por ella. He descubierto que la disciplina de poner en papel pensamientos como estos le ayuda a uno, y también a la otra persona, a ver simplemente por qué estás agradecido por ese alguien especial.

Después que hayas escrito tu «carta de gratitud», trata de encontrarte con esa persona cara a cara. Tal vez necesites practicar un poco de fingimiento santificado. No le digas por qué quieres reunirte, o tal vez la asustarás: «No te he visto en largo tiempo; reunámonos para tomar café». Entonces, cuando llegues, saca la carta y léesela palabra por palabra. «Es por esto que le agradezco a Dios por ti». Tal vez quieras dejarles una copia. Si esto pudiera parecer una experiencia incómoda, se debe a que rara vez apartamos el tiempo para deliberadamente expresarnos nuestra gratitud unos a otros. Y eso constituye una vergüenza, porque es una de las mejores cosas que puedes hacer por tu propia alma, así como también por las almas de los demás. No soy dado a ofrecer garantías, pero pienso que puedo afirmar con certeza que escribir y luego leer tu carta de gratitud elevará tu alma de una manera asombrosa e inolvidable.

El siguiente experimento de gratitud consiste en elevar en oración tus propias bendiciones: breves afirmaciones que reconocen el bien que proviene de Dios. No tienes que empezar con dieciocho. Eso tal vez resultaría abrumador. La mejor manera de hacerlo es escribiendo primero una lista de todo aquello por lo que estás en verdad agradecido a Dios. Luego vuelve a recorrer esta lista y empieza con las palabras: «Bendito seas, oh Señor».

- Bendito seas, oh Señor, por darme a mis hijos.
- Bendito seas, oh Señor, por darme vida y buena salud hoy.
- Bendito seas, oh Señor, por ayudarme a salir adelante en este día tan difícil.

- Bendito seas, oh Señor, porque me perdonas cuando peco.
- *Bendito seas, oh Señor, por la gran puesta del sol que me permites disfrutar.*

¿Es realmente necesario usar esas palabras: «Bendito seas»? Aunque el punto de este ejercicio es alimentar tu alma con gratitud, en realidad *hay* algo especial en estas palabras que vale la pena considerar. Bendecir a alguien significa ofrecerle felicidad o alabanza a esa persona. Cuando dices: «Bendito seas, oh Señor», no solo estás expresando gratitud, sino que dices: «Quiero hacerte feliz y alabarte con mi gratitud, Dios, por todo lo que tú has hecho». Este es un sutil recordatorio de que la gratitud es buena tanto para la persona que la expresa como para quien la recibe.

Hace poco tuve una de esas mañanas en la que simplemente no quería despertarme. Un montón de problemas no resueltos y un cansancio del alma hacían atractivo que me diera la vuelta y disfrutara de otra hora de descanso. Sin embargo, en ese momento empecé a practicar la gratitud. Mentalmente recorrí el día previo en un estado espiritual agradecido:

No siempre te vas a sentir agradecido. Sin embargo, puedes dedicar un tiempo cada día para recordar los beneficios que recibiste, ver a tu benefactor y agradecerle por sus favores.

Hice ejercicio, y me encanta tener un cuerpo con suficiente fuerza y energía para ejercitarme. Eso es un gran don. No todos lo tienen.

Aprendí. Me encanta aprender. Incluso me pagan por hacerlo. ¿Qué tan bueno es eso?

Estoy casado con una mujer hermosa y talentosa. Tenemos tres hijos adultos, a quienes les va bien.

Viajé a cierto lugar. Las personas de otros siglos jamás pudieron viajar, y hubieran dado cualquier cosa por hacerlo. En cambio, yo puedo simplemente subirme a mi coche e ir a donde quiera que desee.

Para cuando terminé de repasar mi día anterior, pensé: «Vaya, logré vivir ayer. ¿Estás bromeando? ¡Tuve que hacerlo? ¿Y hoy tengo otro día que vivir?».

Había solo una cosa que decir.

«¡Gracias, Dios!».

No siempre sucede de esa manera. La gratitud no siempre brota de forma natural. No siempre te vas a *sentir* agradecido. Sin embargo, puedes dedicar tiempo cada día para recordar los beneficios que recibiste, ver a tu benefactor y agradecerle por sus favores.

Como Thornton Wilder lo expresa: «Podemos decir que estamos vivos solo en esos momentos cuando nuestros corazones están conscientes de nuestros tesoros».

PARTE 3

EL ALMA RESTAURADA

CAPÍTULO 16

LA NOCHE OSCURA
DEL ALMA

Si les preguntas a aquellos que no creen en Dios por qué no lo hacen, la razón número uno será el sufrimiento. Si les preguntas a los que creen en Dios cuándo crecieron más espiritualmente, la respuesta número uno será en medio del sufrimiento.

Mi suegro, Al, había estado en la categoría de los no creyentes desde que era niño y la iglesia lo había lastimado muy seriamente. Su familia era muy pobre; sumida en la desesperación, su madre fue a la iglesia buscando ayuda y regresó bañada en lágrimas, pero con las manos vacías. Fue una de las pocas ocasiones en que la vio llorar. No le iba a abrir su corazón a un Dios que hacía llorar a su madre.

Cuando su hija única se casó con un predicador, él no se opuso a mi oficio, sino que principalmente solo se alejó. Era un individuo dado a los deportes, la cacería y la pesca. Nancy era su hija única, y en una de las fotografías que más me gustan de ella aparece sosteniendo una escopeta en sus brazos. Tenía cuatro años en ese entonces. Cuando nacieron nuestras primeras dos hijas, ambas niñas, Al se chifló por ellas. Le enseñó a nuestra hija mayor el sonido que hace un pajarito: «Pum». Con esto simplemente pretendía alistarla para su primera escopeta. Sin embargo, a la tercera vez tuvimos un niño, y Al había estado esperando por uno de esos durante largo tiempo.

Ese mismo año, en el espacio de pocos días, la piel de Al se volvió del color de un banano maduro. Era cáncer... de la peor clase. Vivió un año y medio de dolor físico y humillación corporal. No obstante, su corazón se abrió a Dios. Empezamos a orar y a leer la Biblia juntos. En su última conversación con Nancy, le dijo cuánto la quería. Murió el día después del Día del Amor, el día antes de su aniversario de bodas, después de un año de más paz de la que nunca había conocido. El año más oscuro de su vida se convirtió, de alguna manera, en el año de la luz.

El año más oscuro de su vida se convirtió, de alguna manera, en el año de la luz.

Durante los primeros días de nuestro matrimonio, también llegué a conocer a un amigo, Gary Moon. Conocí a Gary, un muchacho pelirrojo de Georgia con un fuerte acento sureño, cuando ambos nos matriculamos en un programa de psicología clínica en California. Acabamos perteneciendo ambos al mismo grupo de supervisión. No recuerdo ninguna supervisión en absoluto, pero lo que sí recuerdo es haber estado en el suelo desternillándome de la risa por los cuentos de Gary.

Gary provenía de una secta pequeña llamada la Iglesia Pentecostal de Sanidad, la cual resultaba incapaz de no ser interesante. Su tío Otis era un sanador por fe con talento para dichos memorables. Una vez le pidió a un demonio que había poseído a un hombre que revelara su identidad. «Mentiroso», respondió el demonio. El tío Otis de inmediato preguntó: «¿Estás diciéndome la verdad, demonio mentiroso?», poniendo efectivamente de esta manera al subalterno de la oscuridad en un doble aprieto del que no podía escapar. El tío Otis también elevó una oración por un hombre que le dijo que sufría de estreñimiento: «¡Señor, sana a este hombre *de inmediato!*», una oración que misericordiosamente quedó sin contestación. Y estos eran los relatos que Gary contaba durante nuestros meses de trabajo clínico conjunto.

Por muchos años después de graduados, Gary y yo tuvimos un contacto solo esporádico, viéndonos de forma periódica en las convenciones de psicología. Él había vuelto a Georgia, mientras que yo me quedé en California. Con el tiempo, tal como ambos nos habíamos sentido atraídos a la misma institución para estudiar teología y psicología, ámáoslos dos nos sentimos fascinados por el trabajo de Dallas Willard. Gary editó una revista sobre los escritos de Dallas y me pidió que contribuyera con un artículo para la misma.

A la larga, una universidad en Santa Bárbara, California, llamada Westmont, organizó el Centro Dallas Willard para la Formación Espiritual. Gary y su esposa, Regina, se mudaron a fin de que él pudiera servir como director ejecutivo. Y yo llegué a ser miembro de la junta.

Una tarde de agosto de 2012, mientras estaba trabajando en este libro, me reuní con Gary para almorzar. «¿Cómo está Dallas?», pregunté. Dallas había estado teniendo algunas dificultades con su salud durante el verano. Había hablado con él pocos días antes y sabía que Gary acababa de regresar de visitarlo a él y Jane.

«¿Qué tan bueno eres para compartimentar?», preguntó Gary. «Preferiría no hablar de ciertas cosas en un campo de golf». Morí un poco por dentro.

Esperamos hasta la cena, sentados en un porche contemplando el sol ponerse más allá de las islas Channel, enmarcado por la belleza de la bahía de Santa Bárbara y una playa bordeada de palmas.

«Es cáncer», dijo Gary. Era la misma clase de cáncer que había acabado con la vida del padre de mi esposa veintitrés años atrás.

Cuando Dios parece silencioso

Debido a que el alma es la expresión más profunda de la persona, constituye el lugar de mayor dolor. No hablamos de la noche oscura de la mente, ni de la voluntad, ni siquiera del espíritu. Solo del alma. La noche oscura del alma.

La frase proviene de un brillante monje carmelita llamado Juan que vivió en España en el siglo dieciséis. Él dedicó su vida a reformar la iglesia, pero sus esfuerzos resultaron fuertemente criticados y acabó en la cárcel. Fue allí, en su confinamiento, con sus sueños perdidos, que escribió su famosa obra, *La noche oscura del alma*. Esta es un recuento de cómo Dios obra para cambiarnos no simplemente mediante la alegría y la luz, sino mediante la confusión, mediante las desilusiones, mediante las pérdidas. Debido a su dedicación en medio del sufrimiento, se le llegó a conocer como «San Juan de la Cruz».

La noche oscura del alma, según la describe, no representa simplemente la experiencia del sufrimiento. Significa sufrir en lo que se siente como el silencio de Dios.

Este santo que llevaba el nombre de la cruz de Jesús afirmó que, en los primeros días de vida espiritual, el alma a menudo halla deleite en las actividades devocionales: nos encanta leer la Biblia, disfrutamos de la adoración, anhelamos orar. A lo mejor pensamos que esto es una señal de nuestra madurez, pero en realidad no es más que una especie de etapa similar a la luna de miel.

«Pero vendrá un tiempo cuando Dios los llamará a crecer más hondo. Él eliminará la previa consolación del alma a fin de enseñarle virtud...». En la noche oscura, mis oraciones parecen no llegar más arriba del cielo raso. (Aunque, según decía Dallas a menudo, si en realidad comprendemos cuán radicalmente presente está Dios en nuestro mundo, llegar al cielo raso es una altura más que suficiente.) En la noche oscura, la Biblia que leo se convierte en cenizas. En la noche oscura, las palabras y los libros y cantos que una vez le hablaron a mi alma ahora no me conmueven.

Es importante entender que la noche oscura, como Juan escribe, no es culpa del alma. Por supuesto, es posible que me enfríe con relación a Dios, ya que me aferro al pecado, o prefiero un ídolo, o simplemente me vuelvo holgazán. Todos estos son sucesos reales que requieren una respuesta sabia. Sin embargo, no constituyen la noche oscura. La noche oscura la inicia Dios.

Existe una vieja ilustración que se usaba para enseñar la intimidad ininterrumpida con Dios como la norma para la vida espiritual exitosa. Nunca dejaba de añadir culpa a la aridez espiritual. Se trata de una imagen de la intimidad con Dios que resulta tan vieja como cuando los autos tenían un solo asiento delantero. El esposo y la esposa van juntos. Ella le dice: «Cuando estábamos saliendo, solíamos sentarnos el uno junto al otro mientras conducías. Tú colocabas tu brazo alrededor de mí, yo apoyaba mi cabeza sobre tu hombro, y me sentía muy amada. Ahora, mira la distancia que hay entre nosotros». Y entonces el esposo responde: «¿Quién se movió?».

En la noche oscura del alma, Dios es el que se mueve.

Dios puede seguir en el auto. Sin embargo, está apretujado en un espacio pequeño y oprimido fuertemente contra la puerta del pasajero. Yo estiro mi brazo, pero no puedo alcanzarlo, ni sentirlo, ni tocarlo. Mi alma no ha cambiado de asiento. Dios se movió.

LA ESPERA EN LA OSCURIDAD

Las prácticas que en un tiempo alimentaron mi alma ya no la alimentan. Juan de la Cruz, escribiendo desde su celda, afirma que la noche oscura del alma resulta dolorosa, pero no sin esperanza. «El amor de Dios no se contenta con dejarnos en nuestra debilidad, y por esto nos lleva a la noche oscura. Nos despoja de todos los placeres, dándonos tiempos de aridez y oscuridad interna [...] Ningún alma jamás crecerá hondo en la vida espiritual a menos que Dios obre pasivamente en esa alma mediante la noche oscura». Tenemos dificultades con la noche oscura. Nuestras iglesias son lugares prácticos, y por lo general le decimos a la gente que la respuesta a cualquier problema espiritual está en hacer más: más oración, más servicio, más ofrendas, más esfuerzo.

Sin embargo, Juan dice exactamente lo contrario. Cuando el alma empieza a disfrutar de los beneficios de la vida espiritual y luego le son quitados, se siente amargada y furiosa. Hay algunos que se vuelven coléricos contra ellos mismos en este punto, pensando que su pérdida de la alegría es resultado de algo que han hecho o dejado de hacer. Se quejarán e inquietarán, e inventarán todo lo que puedan para recuperar esa consolación. Procurarán convertirse en santos en un día. Harán toda clase de resoluciones para llegar a ser más espirituales, pero mientras mayor sea la resolución, más grande será la caída.

Les falta la paciencia que espera por lo que sea que Dios les quiera dar y cuando él escoja dárselos. Deben aprender humildad espiritual, que resultará en la noche oscura.

Su problema es que les falta la paciencia que espera por lo que sea que Dios les quiera dar y cuando él escoja dárselos. Deben aprender a tener humildad espiritual, que resultará en la noche oscura.

¿Qué hacemos en la noche oscura? No hacemos nada. Esperamos. Recordamos que no somos Dios. Resistimos. Pedimos ayuda. Hacemos menos. Renunciamos a cosas, descansamos más, dejamos de ir a la iglesia, le pedimos a algún otro que ore porque nosotros no podemos hacerlo. Nos libramos de nuestra necesidad de apurarnos por atravesar la crisis.

No puedes correr en la oscuridad.

Nos encantan los salmos que hablan de restaurar nuestras almas. A veces se les llama salmos de orientación; salmos que nos ayudan a dirigir nuestras vidas a Dios. Sin embargo, hay otros salmos. Después que nos enteramos del diagnóstico de Dallas, mi esposa presentó un mensaje basado en lo que Walter Brueggemann llama «salmos de desorientación». Estos son salmos en los que el alma se halla desorientada; Dios está ausente; la oscuridad va ganando. «Rómpeles, oh Dios, los dientes [...] Que se escurran, como el agua entre los dedos [...] Que se disuelvan, como babosa rastrera; que no vean la luz, cual si fueran abortivos». Este es un salmo que no se usa mucho en los desayunos de oración. Eugene Peterson escribió una vez que antes de que podamos amar a nuestros enemigos, tenemos que expresar en oración nuestro aborrecimiento. Con estos salmos, que son más frecuentes que los salmos de orientación, Israel se desahogaba y sinceraba ante Dios, evidentemente convencido de que él era lo suficiente confiable para ser capaz de soportarlo.

Nancy cuenta acerca de una amiga soltera que una vez le asestó un golpe a la piedad convencional de un grupo pequeño de estudio bíblico que estaba teniendo un debate abstracto acerca del tema: «¿Dónde está Dios cuando sufrimos?». Con una franqueza rara vez vista en los grupos de estudio bíblico, ella declaró: «Si Jesús piensa que tres horas en la cruz compensan por cuarenta y dos años de soltería, creo que eso es una locura».

¡Tremendo!

Nancy esperó que la tierra se abriera y se tragara al grupo entero. A la larga, alguien aportó una trillada frase cristiana y el momento pasó. Sin embargo, hubo una mayor muestra de fe sincera en ese comentario tan real que en todas las santurronerías cautelosas que se dijeron antes y después del mismo.

En mi propia noche oscura hace años, mi mayor desilusión resultaba profunda e irreparable. Cuestionaba mi llamamiento. No consideré el suicidio, pero definitivamente pensaba que si mi vida acababa, estaría agradecido por el cese del dolor. Hablé con unos pocos amigos íntimos, y ellos por lo general me ofrecieron simpatía y respaldo, por lo cual estoy agradecido.

No obstante, luego hice lo que he hecho muy a menudo cuando no puedo pensar, orar o razonar para salir de algo. Llamé a Dallas. Le conté las circunstancias y el dolor del corazón y el sufrimiento, anhelando oír su respuesta.

Pausa larga.

«Está será una prueba de tu confianza gozosa en Dios».

Silencio.

No dejé de percibir el reto en esta frase, que me aguijoneaba mucho más debido a su modo de expresarse tierno. No se trataba simplemente de mi confianza, sino de mi confianza gozosa. Los seres humanos por todo el globo habían estado sufriendo durante un año atrás y yo había sido capaz de tener gozo entonces. ¡Por qué debía considerar ahora mi propio sufrimiento como un motivo para una crisis de confianza en Dios cuando no había reaccionado de la misma manera ante el de otros?

Si existe un Dios que es digno de ser Padre de Jesús, puedo tener la confianza de entregar en sus manos con gozo esta situación, así como también mis propios sentimientos. Si no existe, tengo problemas infinitamente mayores que una circunstancia meramente humana. De cualquier forma es verdad: esta será una prueba de mi confianza gozosa en Dios.

ASOMBRADO POR LA LENTITUD DE DIOS

Las iglesias modernas, con modelos lineales de crecimiento espiritual y modelos en gran escala para la vida devocional, rara vez hablan de ayudar a las personas en la noche oscura o en verdad lo hacen. Nos sentimos incómodos con eso, porque queremos hacer algo. De manera habitual vendemos fórmulas, pasos y programas, y la noche oscura del alma no es un programa. La noche oscura es para las almas que aprenden a esperar.

Después que Gary me contó sobre el diagnóstico de Dallas ese agosto, conduje de nuevo a Box Canyon para hablar y orar con Dallas y Jane. Ellos empezaron a recibir notas y oraciones de personas de todo el mundo. En particular, empezaron a escuchar de personas que también transitaban por la noche oscura.

Joni Eareckson Tada, que ha pasado su vida adulta paralizada y en una silla de ruedas, y más recientemente ha escrito sobre su propia lucha con el cáncer, oyó de Dallas y le envió a él y a Jane estas palabras de un escritor del siglo diecinueve llamado Frederick Faber:

> En la vida espiritual, Dios escoge probar nuestra paciencia primero que todo mediante su lentitud. Él es lento; nosotros somos vertiginosos y precipitados. Esto se debe a que nosotros existimos solo por un tiempo, y él ha existido por la eternidad [...] Hay algo grandemente asombroso en la extrema lentitud de Dios. Permitamos que esta ensombrezca un poco nuestras

almas, pero no dejemos que las intranquilice. Debemos esperar a Dios, larga, mansamente, en el viento y la lluvia, en el trueno y el relámpago, en el frío y la oscuridad. Espera, y él vendrá. Dios nunca viene a los que no esperan. Él no sigue el camino de ellos. Cuando viene, síguelo, pero lentamente, quédate un poco atrás; cuando apresura el paso, asegúrate de ello antes de acelerar el tuyo. No obstante, cuando se detenga, detente al instante; y no seas solo lento, sino guarda silencio, absoluto silencio, porque él es Dios.

Cuando leí eso, recordé las palabras que Dallas me dijera: «Debes eliminar implacablemente la prisa de tu vida».

Dallas y Jane me mostraron un librito que recibieron de Dieter Zander, *A Stroke of Grace* [Un golpe de gracia]. Dieter y yo habíamos trabajado en Chicago en la iglesia Willow Creek Community. Él era un artista, músico y maestro. Willow Creek en ese tiempo constituía tal vez la iglesia de más alto perfil en la nación, y Dieter era su director de adoración más notable. Dirigía los cultos con tanto vigor que a veces (literalmente) dejaba sangre en el teclado debido a algunas uñas partidas. Dirigía con tanta energía que en realidad tuvo que dejar de incluir ciertos cantos, porque la gente en las galerías brincaba tanto que los ingenieros del edificio tenían miedo de que todo ese piso se derrumbara... un tipo de variación de Sansón y los filisteos impulsada por el gozo.

> *Hay algo grandemente asombroso en la extrema lentitud de Dios. Permitamos que esta ensombrezca un poco nuestras almas, pero no dejemos que las intranquilice. Debemos esperar a Dios.*
>
> **FREDERICK FABER**

A Dieter le encantaban los escritos de Henri Nouwen, un sacerdote católico romano holandés y prolífico autor. Recuerdo haber tenido un largo debate con él respecto a las reflexiones de Nouwen sobre un versículo del Evangelio de Juan. Jesús le dijo a Pedro que en su juventud el discípulo había ido a donde quería, pero que cuando fuera viejo, lo vestirían otras manos y lo llevarían a donde no quería ir. Éramos jóvenes entonces; la vulnerabilidad del envejecimiento resultó impactante para nosotros.

Una noche, cuando Dieter andaba ya avanzado en sus cuarenta, empezó a temblar violentamente. Sufrió un derrame masivo en el hemisferio izquierdo de su cerebro. Cuando se despertó seis días después, ya no pudo comunicarse como antes; tuvo que aprender a decir el nombre de su esposa, a pronunciar los nombres de sus hijos. Ya no pudo usar su mano derecha y por consiguiente fue incapaz de dirigir los cultos. La música y las palabras que fluían de él ahora se hallaban en su mayor parte atrapadas en su cerebro.

Él solía trabajar en un escenario ante miles de personas que aplaudían cada movimiento suyo. Ahora lo hace en una habitación sin ventanas en la parte posterior de una abacería Trader Joe's, abriendo cajas. Si la fruta está magullada, si una pera se cae al piso... cuando cualquier producto ya no se considera perfecto, se lo llevan a Dieter. Él lo enviará para alimentar a los que tienen hambre, a quienes no les importa si la manzana está torcida.

Dieter escribió una vez en una carta:

Es bueno trabajar aquí. Soy como esa fruta. Soy imperfecto. Por dentro soy la misma persona, con el mismo sentido del humor, los mismos pensamientos. Sin embargo, mis palabras me delatan. Lo que debería decir en tres minutos conlleva una hora de frustración. La gente pierde la paciencia conmigo. Afasia significa soledad. No obstante, Dios me oye. Mi mundo es pequeño, y callado, y lento y sencillo. Sin escenario. Sin ninguna presentación. Más real. Bueno.

Un año o algo así después del derrame cerebral que sufrió, Dieter y su esposa, Val, nos visitaron a Nancy y a mí. Él usaba una pequeña pizarra blanca que le ayudaba a comunicarse. Hacia el final de nuestro tiempo juntos, empezó a escribir un versículo bíblico. Yo sabía cuál sería incluso antes de que él lo escribiera en el tablero: Juan 21.18. «Cuando eras más joven te vestías tú mismo e ibas adonde querías; pero cuando seas viejo, extenderás las manos y otro te vestirá y te llevará adonde no quieras ir». Luego, debajo de ese versículo, Dieter escribió: «Bueno».

«Cualquiera que sea mi suerte, tú me has enseñado a decir: "Está bien, está bien con mi alma"».

MANTÉN LA ETERNIDAD ANTE LOS NIÑOS

Dallas tuvo que someterse a una operación llamada «procedimiento Whipple», una invasión brutal del cuerpo que mi esposa (que era enfermera y vio a su papá pasar por esto) siempre describe sin ninguna elegancia como permitir que el médico lo destripe a uno como a un pescado. Y no se trata de una operación libre de riesgos. Cuando nos reunimos para orar por él, Dallas dijo antes de someterse al procedimiento: «Cualquier cosa que suceda, será maravillosa».

Observar a Dallas recorrer esta senda fue como ver a un explorador que ha estado

> *Una persona, dijo Dallas, es en esencia una colección de experiencias conscientes. Mucho más que simplemente cuerpos o apetitos, somos nuestras experiencias. Por eso atesoramos tanto aquellas que resultan buenas.*
> **DALLAS WILLARD**

haciendo un trabajo de avanzada de todas las maneras posibles, empezando a caminar hacia un país al que todos un día llegaremos. En cierto momento, él indicó: «Pienso que, cuando muera, a lo mejor pasará algún tiempo antes de que lo sepa».

¿Qué?

Una persona, dijo Dallas, es en esencia una colección de experiencias conscientes. Mucho más que simplemente cuerpos o apetitos, somos nuestras experiencias. Por eso atesoramos tanto aquellas que resultan buenas: una hermosa puesta del sol, una escena favorita en una película, un primer beso, una victoria dramática.

Esta experiencia consciente de la vida, afirmó Dallas, continuará ininterrumpida por la muerte. Jesús lo dijo de manera contundente: «El que confía en mí nunca gustará la muerte». ¿Qué significa eso de nunca gustar la muerte? ¿Por qué lo dijo así?

Mi amigo Gary comentó que la frase que vino a su mente al observar a Dallas caminar por el valle de la sombra de la muerte fue: «A jugar».

La sombra había hallado un adversario digno.

CAPÍTULO 17

MAÑANA

Esta esperanza es un ancla firme y confiable para el alma.

HEBREOS 6.19 (NTV)

El alma es un barco que necesita un ancla.

Estoy de nuevo en la sala en Box Canyon, la misma en que conocí a Dallas varias décadas atrás. Nada ha cambiado gran cosa en la habitación. Los muebles son los mismos. El equipo de aire acondicionado ruge. Jane comenta que probablemente deberían comprar uno nuevo, pero el viejo sigue funcionando. Miro a Dallas. Ahora mi pelo está más canoso de lo que se veía el suyo cuando lo conocí. Mis hijos han crecido. He podido escribir libros, hablar y hacer muchas cosas sobre las que me hubiera alegrado saber cuando estuve en esta habitación por primera vez. He fallado y me han desilusionado de maneras que en ese entonces me hubieran parecido insoportables.

Él lleva puesta una vieja bata de baño. Cuando estábamos limpiando la cochera, encontró unas cuantas Biblias viejas de hace muchas décadas. Se deshacen por la edad y el uso, están todas subrayadas y llenas de garabatos, y él las acaricia como si estuviera visitando a compañeros muy queridos después de una larga ausencia. También hallamos en la cochera una guadaña que Dallas usaba para limpiar hierbas cuando era muchacho en Missouri; su padre la utilizó antes que él, y su abuelo antes de eso. Se trata de una reliquia de la familia.

Me asombra su paz.

LO QUE REALMENTE IMPORTA

Unos pocos nos reunimos alrededor de él para orar. Dallas empieza a cantar, todavía dirigiendo la adoración como lo hacía cuando era un muchacho predicador durante su adolescencia, y nosotros nos unimos a él. Lo que importa es la obra, nos dice Dallas. Lo que importa es la labor de ayudar a las personas a saber que Dios está vivo, presente y las ama; que esta realidad que Jesús llamó el reino está entre nosotros y disponible; y que la vida es preciosa, sin embargo, se desperdicia con terrible facilidad. Pienso, al contemplar su enflaquecido cuerpo y escuchar su visión, cuánta consagración a actuar puede tener lugar en tiempos como estos alrededor de alguien que es capaz de inspirar así.

Todos tenemos dos mundos, un mundo externo que es visible, público y obvio, y un mundo interno que puede ser caótico y oscuro o puede ser gloriosamente hermoso. Al final, el mundo externo se desvanece. Nos quedamos con el mundo interno. Eso es lo que nos llevamos con nosotros. Soy un ser espiritual imperecedero con un destino eterno en el glorioso universo de Dios.

«¿Lamentas algo?», alguien le pregunta.

«Lamento el tiempo que he desperdiciado», responde él.

¿Qué?

Si hay algún ser humano en el planeta que no ha desperdiciado tiempo es Dallas. Creo que él no sabría lo que es un televisor aunque uno de esos aparatos le cayera en la cabeza. Siempre estaba leyendo, enseñando o llevando a cabo su ministerio. O haciendo pequeños trabajos de carpintería en su propiedad en Box Canyon, o sirviendo de mentor para sus alumnos, u orando. Si Dallas es culpable de desperdiciar el tiempo, el resto de nosotros bien podría inscribirse para el infierno de la vagancia justo en este momento.

No obstante, pienso que quizás esta vez sé lo que quiere decir. El apóstol Pablo indicó que debíamos vivir «redimiendo el tiempo, porque los días son malos». El lenguaje es exactamente preciso, oí a Dallas decir una vez. La razón por la que nuestra alma tiene tanta hambre es que la vida que pudiéramos estar viviendo excede en mucho nuestros sueños más remotos. Una vez tuve un amigo que sabía desde que era todavía joven que iba a morir de cáncer, solo que el hospital cometió una equivocación que tiene lugar únicamente en las películas. Le dijeron que no moriría, sino que iba a vivir. Y por una hora, por un día, él disfrutó de una euforia de gratitud más allá de las palabras. Por esas pocas horas, se sintió bien.

Pienso que Dallas dijo que lamentaba todo el tiempo que había desperdiciado, no porque se comparaba a sí mismo con otras personas más eficientes, sino porque empezaba a entender lo que la vida podría ser.

Recuerdo una frase que le oí hace años acerca de cómo todos nosotros, almas perdidas, nos permitimos vivir sumidos en la ansiedad, el enojo, la prepotencia y la mezquindad cuando la vida con Dios nos rodea por todas partes: tu tiempo ya está en la tienda de empeño de las almas perdidas.

Creo que Dallas deseaba recuperar su tiempo.

Lo observé y pensé qué características puede mostrar un alma redimida:

- Ser capaz de decir que sí o que no sin ansiedad ni hipocresía.
- Hablar con confianza y sinceridad.
- Estar dispuesta a desilusionar a quienquiera, y sin embargo lista para bendecir a todos.
- Tener una mente llena de más pensamientos nobles de los que jamás se pudieran expresar.
- Compartir sin pensar.
- Ver sin juzgar.

Pienso que Dallas dijo que lamentaba todo el tiempo que había desperdiciado, no porque se comparaba a sí mismo con otras personas más eficientes, sino porque empezaba a entender lo que la vida podría ser.

- Ser tan genuinamente humilde que cada persona que vea sea un motivo de asombro.
- Amar a Dios.

UNA PEQUEÑA PORCIÓN DEL CIELO

El evangelio, dijo Dallas una vez, significa que este universo es un lugar perfectamente seguro para que uno esté.

¿Qué?

Esto quiere decir que el alma sencillamente no corre riesgo. Ni siquiera debido al cáncer. ¿Qué más pudo Pablo haber querido indicar cuando afirmó que nada puede separarnos del amor de Dios? ¿Por qué otra razón pudiera Jesús habernos aconsejado que no nos afanáramos?

Nancy y yo abrazamos a Dallas y a Jane. Nancy promete enviarle unas recetas especiales de pan de maíz y biscochos que Dallas tiene permitido comer, pues ahora es diabético. Sonrío por esta serena acción de desafío. La quimioterapia y otros tratamientos pueden limitar su dieta, pero no tienen poder sobre su anhelo de las comidas con las que creció durante su niñez en Missouri.

Dallas se sienta en esa casa en Box Canyon y espera mientras su cuerpo atraviesa la muerte lenta de la quimio, y una pequeña porción del cielo reluce por ese hogar, como lo hace en las casas y chozas y tugurios más improbables de todo el planeta.

La gente viene. La gente llama. La gente escribe.

«Estamos orando por ti».

La vida del pueblo depende de la salud del arroyo.

El arroyo es tu alma. Y tú eres el cuidador.

EPÍLOGO

Temprano en la mañana del 8 de mayo de 2013, recibí una llamada de Gary Black, amigo de Dallas y la familia, informándome que Dallas Willard había muerto.

Mi primer pensamiento fue recordar lo que Dallas había dicho acerca de que cuando muriera se preguntaría si pasaría algún tiempo antes de que se diera cuenta de ello. ¿Será que alguien se lo dijo?

Recordé la muerte de mi suegro debido al cáncer pancreático. Esa es una manera muy desagradable de morir. Dallas fue indefectiblemente amable y paciente con quienes lo cuidaron al final. Habría sido difícil imaginárselo de otra manera.

Gary en realidad grabó su conversación con Dallas durante esas horas finales —¿Qué estás viendo? ¿Qué está teniendo lugar?— mientras empezaba lo que él llamó «la gran transición». Nunca he oído una grabación como esa. Es como una conversación con una persona que está a punto de cruzar hacia una habitación que uno no puede ver y a la que no puede ir.

Gary dijo que las palabras finales de Dallas, en medio de lo que con certeza era un sufrimiento significativo, fueron: «Gracias. Gracias».

Gary era la única persona que lo acompañaba en esa habitación en ese momento, pero afirmó que Dallas no estaba dirigiéndose a él.

No estoy seguro de si alguien le ha informado ya a Dallas en cuanto a su muerte, pero se necesitaron tres servicios aquí para la despedida. Uno de ellos fue en la pequeña iglesia a la que él y Jane pertenecían; un servicio pequeño para la familia y los amigos. Otro constituyó una reunión más pública en un edificio más grande. Un tercer servicio se celebró en la universidad donde Dallas enseñó por casi cinco décadas.

En todos se hicieron las mismas observaciones acerca de una vida vivida con tal humildad, sabiduría y disposición a servir. Todos ellos plantearon la misma pregunta, aunque no con las mismas palabras: «¿Cómo existió una vida así?».

Seis meses después, Nancy y yo almorzamos con una joven pareja. El esposo había conversado con Dallas un par de veces y leído sus libros. Aun cuando habían hablado solo en unas pocas ocasiones, la vida de este hombre de alguna manera resultó transformada por esa amistad. Somos parte de una sociedad secreta, amigos de un amigo común.

La esposa de esta pareja estaba encinta.

—¿Saben si es niño o niña?

—Niño.

—¿Han escogido ya el nombre?

—Sí. Vamos a llamarlo Dallas.

La vida sigue. El mundo gira otro día. El misterio de la vida y la esperanza humanas continúa. Y aquí y allá, la luz luminosa que brotó de un carpintero de Nazaret resplandece y titila en la oscuridad. Y esperamos de nuevo lo que esa vida puede llegar a ser.

El alma espera.

RECONOCIMIENTOS

Un libro es una cosa del alma. Se trata de algo físico —trazos de tinta y papel de viejos árboles— y sin embargo alimenta nuestra mente y motiva nuestra voluntad. Lo leemos con nuestro cuerpo; con nuestra voluntad escogemos dejar que las palabras de otra persona guíen nuestros pensamientos. Los libros nos conectan con nosotros mismos y los demás... y tal vez con Dios.

Este ha sido un libro de convicciones particularmente profundas para mí. Estoy agradecido con mi editor, John Sloan, y nuestro socio, Lyn Cryderman, por sus esfuerzos y contribuciones, que han ido mucho más allá de lo que normalmente va asociado con un trabajo editorial. Sin la diligencia de Lyn, este libro simplemente no pudiera haber existido. Y el mismo marca un hito con un equipo de personas de Zondervan que a través de los años ha representado una familia de respaldo y apoyo, por lo cual siempre estaré agradecido.

Gary Moon es un amigo muy querido que ha sido generoso con sus pensamientos y sabiduría, y también puso a mi disposición referencias en cuanto a la vida y el pensamiento de Dallas Willard. Mark Nelson y Tremper Longman III son dos eruditos de la Universidad Westmont que han provisto recursos útiles en los campos de la filosofía y los estudios del Antiguo Testamento. Es un placer trabajar con agentes como Sealy y Curtis Yates. Glenn

Lucke y el equipo docente proveyeron una investigación asombrosamente amplia y profunda. Le estoy enormemente agradecido a la iglesia donde sirvo, Menlo Park Presbyterian Church, por hacer posible que tenga el tiempo para escribir y darme la oportunidad de trabajar con Linda Barker, que representa una gran ayuda haciendo la vida y el ministerio posibles de mil maneras alegres. Rick Blackmon y Brad Wright y el equipo SoulPulse han ayudado a encarnar cómo se ve la vida «con Dios». Patty y Eff Martin han contribuido a que el sueño del Centro Willard se convierta en una realidad, y sus aportes apenas están empezando. Jane Willard y Becky Willard Heatley son igualmente miembros de la junta y he aprendido mucho de ellas.

Laura Kathleen Ortberg Turner representó una fuente constante de sugerencias y estímulo. Mi esposa, Nancy, constituye un tesoro de energía y comentarios y actitud y compañerismo que forma parte de cada palabra y pensamiento.

Para Dallas, soy una de las innumerables personas que hallan imposible expresar en palabras la naturaleza o la magnitud de la deuda contraída. Su pensamiento me ha moldeado mucho más allá que el pensamiento de cualquier otro, y su vida me ha forjado mucho más de lo que él pensaba. «No tengan deudas pendientes con nadie», escribió el apóstol Pablo, «a no ser la de amarse unos a otros». Esta es una deuda que gozosa y agradecidamente seré incapaz de pagar mientras viva.

VERSIONES DE LA BIBLIA

A menos que se indique lo contrario, todos los textos bíblicos han sido tomados de La Santa Biblia, Nueva Versión Internacional® NVI® © 1999 por Biblica, Inc.® Usados con permiso. Todos los derechos reservados mundialmente.

Citas bíblicas marcadas «RVR60» han sido tomadas de la Santa Biblia, Versión Reina-Valera 1960 © 1960 por Sociedades Bíblicas en América Latina, © renovado 1988 por Sociedades Bíblicas Unidas. Usados con permiso. Reina-Valera 1960® es una marca registrada de la American Bible Society y puede ser usada solamente bajo licencia.

Las citas bíblicas marcadas RVG se han tomado de la Santa Biblia, versión Reina Valera Gómez, © 2010 por Dr. Humberto Gómez Caballero. Usada con permiso.

Citas bíblicas marcadas «RVC» son de la Santa Biblia, Reina-Valera Contemporánea® © Sociedades Bíblicas Unidas, 2009, 2011. Usada con permiso.

Citas bíblicas marcadas «DHH» son de La Biblia Dios Habla Hoy, Tercera edición © Sociedades Bíblicas Unidas, 1966, 1970, 1979, 1983, 1996. Usada con permiso.

Citas bíblicas marcadas «TLA» son de La Traducción en Lenguaje Actual © 2000 por Sociedades Bíblicas Unidas. Usada con permiso.

FUENTES

PRÓLOGO: El cuidador del arroyo

13: *El cuidador del arroyo:* Esta es una versión de una historia que narrara Peter Marshall en un sermón. Aparte de este relato, hubo un libro escrito en 1952 titulado *Keeper of the Stream* [El cuidador del arroyo] acerca de un hombre llamado Frank Sawyer que trabajó para hermosear el río Avon. Él murió en dicho río durante su vejez, en el año 1980.

INTRODUCCIÓN: Tierra santa

17: He estado en Box Canyon muchas veces; algunos de estos detalles históricos han sido tomados de Tracey Kaplan, «Once-Remote Box Canyon Being Pried Open», *Los Angeles Times* (19 marzo 1989).

24: *mundo privado:* Gordon MacDonald, *Ordering Your Private World* (Nashville: Thomas Nelson, 1984) [*Ponga orden en su mundo interior* (Minneapolis: Editorial Betania, 1989)]. Encontrarás más sobre esto en el Capítulo 8.

CAPÍTULO 1: El alma que nadie conoce

29: *«La mayoría de las personas, la mayor parte del tiempo»:* Mark Baker y Stewart Goetz, *The Soul Hypothesis* (Nueva York: Continuum Books, 2011), p. 100.

30: *Esta es la palabra que no va a desaparecer:* Una de las razones primordiales por las que la palabra alma se usa cada vez menos es la impopularidad del «dualismo». La palabra *dualismo* en sí misma resulta capciosa y compleja; en un documento N. T. Wright menciona diez formas diferentes de dualismo, desde el teológico y el escatológico hasta el moral y más allá.(http://ntwrightpage.com/Wright_SCP_MindSpiritSoulBody.htm).

La creencia en el alma por lo general se asocia con el «dualismo de sustancia», la noción de que lo espiritual —o el poder personal no incorporado— en realidad existe y puede ser una fuerza causal en nuestro mundo.

Una de las objeciones más comunes al dualismo en el pensamiento contemporáneo (y en buena parte del pensamiento cristiano) es que a menudo incluye la idea (frecuentemente asociada con Platón) de que la materia es inferior al ámbito del espíritu, lo cual conduce a una devaluación del cuerpo o la sexualidad en formas que contradicen a la bondad de la creación divina.

Cualquier forma de dualismo que no sostiene la bondad de la materia según Dios la creó se queda corta con relación al pensamiento bíblico.

Otra objeción es que el dualismo parece cada vez menos probable conforme la ciencia (en especial la neurociencia) continúa diciéndonos más en cuanto al funcionamiento del cuerpo humano (particularmente el cerebro).

Para los propósitos de este libro, mi principal preocupación son aquellas nociones de la vida humana que afirman que los seres humanos no son «nada sino» átomos titilando o tejidos o terminaciones nerviosas (punto de vista más a menudo llamado «reduccionismo» debido a la afirmación de que la comprensión y la explicación de la existencia humana se pueden reducir al nivel de la biología o la química). Pienso que el aspecto más importante del «vocabulario del alma» es que afirma a los seres humanos como agentes morales, con la capacidad de libre albedrío y por consiguiente cierta responsabilidad, a quienes Dios resucitará, de modo que son creados para una existencia eterna en su gran universo. Pensadores cristianos tales como Nancey Murphy, que aboga por lo que ella llama «materialismo no reduccionista», no tenderían a usar la palabra alma y discreparían con el dualismo, pero con todo sostendrían esta noción firme de la persona que es parte del cristianismo clásico. (Para su punto de vista, véase *Whatever Happened to the Soul?* Editado por Warren Brown, Nancey Murphy y H. Newton Malony [Minneapolis: Fortress Press, 1998].)

Para defensas contemporáneas de la noción tradicional del alma y el dualismo, véase Richard Swinburne, *The Evolution of the Soul* (Nueva York: Oxford University Press, 1997), o el excelente libro de John Cooper, *Body, Soul, and Life Everlasting* (Grand Rapids: Eerdmans, 2000). Hallo convincentes sus argumentos. Evidentemente, ser teísta nos compromete con alguna forma de dualismo (Dios mismo no tiene un cuerpo). No estoy seguro de que tratar de mantener una noción no reduccionista de la persona en un cosmos creado por un Dios inmaterial gane algo más de credibilidad científica entre los que son escépticos del dualismo en general.

30: Anne Lamott, *Help, Thanks, Wow: The Three Essential Prayers* (Nueva York: Riverhead Books, 2012), p. 20.

30: *«Si el Pato Lucas explotara con dinamita»:* Jeffrey Boyd, *Soul Psychology* (Colorado Springs: Soul Research Institute, 1994), p. 59.

31: *«el alma pesa veintiún gramos»:* Les Parrott, *You're Stronger Than You Think* (Carol Stream, IL: Tyndale, 2012), p. 116.

31: Owen Flanagan: Baker y Goetz, *The Soul Hypothesis*, p. 100.

32: *Patricia:* Boyd, *Soul Psychology*, pp. 203ss.

32: «*Para lo único que puedo contar*»: Ibíd., p. 203.

33: W. E. B. Du Bois, *The Souls of Black Folk* (reimpresión, Healdburg, CA: Eucalyptus Press, 2013) [*Las almas del pueblo negro* (Habana: Fundación Fernando Ortiz, 2001)].

33: William Pollard, *The Soul of the Firm* (Grand Rapids: Zondervan, 2000).

34: Se sabe que Moulton es el sujeto anónimo del poema «The New Wife and the Old» de John Greenleaf Whittier.

34: *eBay policy*: http://www.businessinsider.com/soul-listing-policy-ebay-2012-7.

35: *Platón creía que las almas se reencarnaban*: Steward Goetz y Charles Taliaferro, *A Brief History of the Soul* (Malden, MA: Wiley-Blackwell, 2011), p. 12.

35: *Agustín señaló que quizás las almas preexistieron en alguna parte*: Ibíd., pp. 44–45.

35: «*Ahora bien, hay algunas cosas*»: Thornton Wilder, *Our Town* (Nueva York: Harper & Row, 1938), pp. 87–88 [*Nuestra ciudad* (Madrid: Escelier, 1971)].

36: *Síndrome del Cadáver Ambulante*: G. E. Berrios & R. Luque, «Cotard's Delusion or Syndrome: A Conceptual History», *Comprehensive Psychiatry* 36:3 (mayo-junio 1995): 218–23.

36: Clifford Nass, *The Man Who Lied to His Laptop* (Nueva York: Penguin Books, 2010).

37: Daniel Kahneman, *Thinking Fast and Slow* (Nueva York: Farrar, Straus, and Giroux, 2011), p. 32 [*Pensar rápido, pensar despacio* (Barcelona: Debolsillo, 2013)].

37: Edmund Hess: citado en Kahneman, *Thinking Fast and Slow*, p. 32.

37: John McCain: http://blogs.wsj.com/washwire/2007/10/16/mccain-s eessomething- in-putins-eyes/.

38: *movimiento de* «*trabajo con alma*»: www.soulfulwork.net.

39: *cuánto le costaba salvar un alma*: *The New York Times* (9 octubre 1911), sección 7.

39: «*No merezco un alma*»: Douglas Coupland, *The Gum Thief* (Nueva York: Bloomsbury, 2007), p. 21.

39: «*Si un niño nace*»: Jeffrey Boyd, «One's Self-Concept and Biblical Theology», *Journal of the Evangelical Theological Society* 40:2 (junio de 1997), p. 223.

CAPÍTULO 2: ¿Qué es el alma?

43: «*Formó, pues, Jehová Dios al hombre*»: Génesis 2.7 (rvg).

44: «*Lo que hace funcionar tu vida*»: Dallas Willard, *Renovation of the Heart* (Colorado Springs: NavPress, 2012), p. 199 [*Renueva tu corazón* (Barcelona: Clie, 2004)].

46: «*La mentalidad pecaminosa*»: Romanos 8.6.

47: «*Y era el total*»: Hechos 27.37 (rvg).

48: Leonard Cohen: citado en Parker Palmer, *A Hidden Wholeness* (San Francisco: Jossey-Bass, 2004), p. 1.

49: «*Porque ¿de qué le sirve...?*»: Marcos 8.36 (rvc).

50: Parker Palmer, A Hidden Wholeness, p. 2.

50: «Cuando captamos la vista del alma»: Ibíd.

51: «el tratamiento de la psiqué»: Sigmund Freud, citado en Jeffrey Boyd, Reclaiming the Soul (Cleveland: Pilgrim Press, 1996), p. 6.

51: Journal of the American Medical Association: «The Rising Cost of Modernity», citado en The New York Times (9 diciembre 1992), p. 8.

51: Martin Seligman, The Optimistic Child (Nueva York: Houghton Mifflin, 1996), pp. 25ss [Niños optimistas (Barcelona: Debolsillo, 2011)].

52: «Lo que quiero decir es que»: Scott Flaherty: John Colapinto, «Giving Voice», The New Yorker (4 marzo 2013), p. 50.

53: «Ustedes aman a Jesucristo»: 1 Pedro 1.8–9 (ntv).

53: Horatio Spafford: «Está bien con mi alma», 1873.

CAPÍTULO 3: Un mundo falto de alma

59: Ray Romano: Parrott, You're Stronger Than You Think, p. 17.

61: Parábola del sembrador: Marcos 4.1–20.

64: R ichard Foster, Celebration of Discipline (Nueva York: Harper & Row, 1978), p. 1 [Celebración de la disciplina (Buenos Aires: Peniel, 2009)].

64: «Como el ciervo»: Salmos 42.1, 5, 7 (rvc).

65: «Dios mío, mi alma»: Salmos 42.6, 7 (rvc).

66: «La angustia de mi alma»: Job 7.11.

66: «Además, haré Mi morada»: Levítico 26.11–12 (nblh).

66: «Una voz del cielo»: Mateo 3.17; 12.18, traducción mía.

67: Profesional joven urbano: adaptado de Mateo 19.16–22; Lucas 18.18–23; Marcos 10.17–22.

CAPÍTULO 4: Almas perdidas

75: «Tú deseas verdad»: Salmos 51.6, traducción mía.

76: «Hay deseos pecaminosos»: 1 Pedro 2.11, traducción mía.

76: «Alaba, alma mía, al SEÑOR»: Salmos 103.1 (nvi), énfasis mío.

76: «De todos los mandamientos»: Marcos 12.28, 30.

77: «La vida dividida»: Palmer, A Hidden Wholeness, p. 20.

80: «Porque, según el hombre interior»: Romanos 7.22–23 (rvc).

80: «El espíritu está dispuesto»: Mateo 26.41.

CAPÍTULO 5: El pecado y el alma

81: Estudio de gafas de sol Chlué. Wray Herbert, «Faking It», Scientific American Mind (23 agosto 2010), https://www.scientificamerican.com/article.cfm?id=faking-it.

82: «Este mensaje»: 1 Timoteo 1.15.

82: John Stott, Guard the Truth (Downers Grove, IL: InterVarsity Press), p. 53.

83: «Neural Consequences of Religious Belief on Self-Referential Processing», *Social Neuroscience* 3:1 (2008), pp. 1–15, http://www.ncbi.nlm.nih.gov/pubmed/18633851.

83: Jeff Schwartz: comunicación personal.

83: «*Amados hermanos*»: 1 Pedro 2.11 (rvc).

84: Dan Ariely, *The Honest Truth about Dishonesty: How We Lie to Everyone — Especially Ourselves* (Nueva York: HarperCollins, 2012).

85: «*impiedad e injusticia*»: Romanos 1.18.

85: «*En el curso*»: Ariely, *The Honest Truth about Dishonesty*.

85: Mike Adams: «The Dead Grandmother/Exam Syndrome and the Potential Downfall of American Society», *The Connecticut Review* (1990), http://www.psy.gla.ac.uk/~steve/best/grandma.html.

87: «*Dios es misericordioso*»: Francois Fénelon, *The Royal Way of the Cross* (Cape Cod, MA: Paraclete Press, 1982), p. 38.

87: «*Tan amargo como la hiel*»: Lamentaciones 3.19–20 (rvc).

88: «*La ley del* SEÑOR»: Salmos 19.7 (rvc).

CAPÍTULO 6: Necesitar es la naturaleza del alma

94: Hans Walter Wolff, *Anthropology of the Old Testament* (Minneapolis: Augsburg Fortress, 1975), p. 74.

94: «*Somos limitados en todo aspecto*»: Kent Dunnington, *Addiction and Virtue* (Downers Grove, IL: InterVarsity Press, 2011), p. 146.

95: *La idolatría es el pecado debajo del pecado*: Timothy Keller, *Counterfeit Gods* (Nueva York: Riverhead Trade, 2011).

95: *Lista de verificación de verdadera devoción*: de Gerald May, fuente desconocida para el autor.

97: «*Todos somos gobernados*»: Keller, *Counterfeit Gods*, p. 141.

97: «*Así que Jacob trabajó*»: Génesis 29.20.

98: «*Hoy voy a devolver*»: Lucas 19.8, traducción mía.

98: «*Anhelo y hasta desfallezco*»: Salmos 84.2 (ntv).

100: Francois Fénelon, *The Royal Way of the Cross*, p. 1.

CAPÍTULO 7: El alma necesita un cuidador

103: «*¿Qué pensáis vosotros*»: Ezequiel 18.2–4 (rvr60).

104: «*Cosechas lo que siembras*»: Gálatas 6.7, paráfrasis mía.

104: *Adoní-Bézec*: Jueces 1.5–6.

105: «*Setenta reyes*»: Jueces 1.7.

105: «*No se engañen*»: Gálatas 6.7.

106: «*Llámale a este mundo*»: «John Keats a George y Georgiana Keats», 21 abril 1819, en *Letters of John Keats*, vol. 2, ed. H. E. Rollins (Cambridge, MA: Harvard University Press, 1958).

106: *presentaron a los individuos imágenes de rostros coléricos:* M. D. Lieberman, «Putting Feelings into Words», *Psychological Science* 18 (2007): 421–428.

107: *«Yo soy el amo de mi destino»:* William Ernest Henley, «Invictus: In Memoriam R.T.H.B.» (1888).

107: *los bienaventurados son como árboles:* Salmos 1:3.

108: *«dile a mi hermano»:* Lucas 12.13–21.

108: *«Alma mía, ya tienes bastantes cosas»:* Lucas 12.19.

108: *«Necio»:* Lucas 12.20 (rvr60).

110: *«Tanto por amor a ti mismo»:* Kees Waaijman, «The Soul as Spiritual Core Concept», *Studies in Spirituality* 6 (1996): 7.

110: *«será eliminado de su pueblo»:* Levítico 18.29.

111: *«No teman»:* Mateo 10.27–28.

CAPÍTULO 8: El alma necesita un centro

113: *«síndrome de hundimiento»:* Gordon MacDonald, *Ordering Your Private World* (Nashville, TN: Thomas Nelson, 1984), p. 15.

114: *«de doble ánimo»:* Santiago 4.8 (rvr60).

114: *Pilato:* Mateo 27.11–26; Marcos 15.1–15; Juan 18.28–40.

115: *«re-almarse»:* 2 Samuel 16.14.

115: *Elías:* 1 Reyes 19.

115: *«Ten compasión de mí»:* Salmos 57.1–2.

116: *«sus almas se abatieron»:* Números 21.4, traducción en Wolff, *Anthropology of the Old Testament*, p. 17.

116: *«gran alma»:* Waaijman, «Soul as Spiritual Core Concept», p. 16.

116: *Rey Saúl:* 1 Samuel 13.5–14.

116: *«Nada en el hombre»:* Waaijman, «Soul as Spiritual Core Concept», p. 17.

118: *elevar el alma de uno en orgullo:* Habacuc 2.4.

118: *que puede vivir en la presencia de Dios:* Salmos 24.2.

118: *«Cuán colapsada»:* Salmos 42.6, traducción de Waaijman, «Soul as Spiritual Core Concept», p. 13.

118: *«Que la mañana me traiga»:* Salmos 143.8, traducción mía.

119: *«Mi alma se aferra»:* Salmos 63.8.

119: Thomas Kelly, citado en Gordon MacDonald, *Ordering Your Private World* (Nashville, TN: Thomas Nelson, 1984), p. 120.

119: *«Mi alma se aferra»:* Salmos 63.8.

119: *«mi alma tiene sed»:* Salmos 42.2 (rvr60).

119: Hermano Lawrence, *Practicing the Presence of God* (Springdale, PA: Whitaker House, 1982), p. 19 [*Practicando la presencia de Dios* (Nashville, TN: Upper Room, 1982)].

CAPÍTULO 9: El alma necesita un futuro

123: *«En el día de mi angustia»:* Salmos 77.2 (lbla), énfasis mío.

123: «Una voz dijo»: Isaías 40.6–8 (lbla).

124: Churchill: William Manchester, *The Last Lion* Vol. 1 (Nueva York: Dell Publishing, 1983), p. 367.

125: «[Dios] ha puesto»: Eclesiastés 3.11 (rvr60).

128: «el Verbo se hizo carne»: Juan 1.14 (lbla).

128: lo que sea para mantener el alma: traducción de Waaijman, «Soul as Spiritual Core Concept» (véase Salmos 33.19; 34.23; 142.7).

128: rescatando el alma: Salmos 33.19.

128: escape de la espada: Salmos 34.23.

128: librándola del mismo umbral: Salmos 142.7.

128: «En su mano»: Job 12.10 (rvr60), énfasis mío.

129: «Dentro de poco»: Juan 16.16.

129: «La mujer que está por dar a luz»: Juan 16.21–23.

129: «En aquel día»: Juan 16.23.

131: «Es la naturaleza del gozo»: Rudolph Bultmann, citado en Frederick Dale Bruner, *Gospel of John: A Commentary*, (Grand Rapids, MI: Eerdmans, 2012), Juan 16.23.

CAPÍTULO 10: El alma necesita estar con Dios

133: En verdad, el alma: Waaijman, «Soul as Spiritual Core Concept», p. 17.

134: «escucharon que Dios el Señor andaba»: Génesis 3.8 (dhh).

135: «el SEÑOR estaba con José»: Génesis 39.19–23.

135: «Y llamarás su nombre Emanuel»: Mateo 1.23 (rvr60).

135: «Yo soy la vid»: Juan 15.5.

138: Frank Laubach: en carta fechada 9 de marzo de 1930, en *Letters from a Modern Mystic*, ed. Laubach et al. (Nueva York: Student Volunteer Movement, 1937), p. 15.

140: «Al SEÑOR he puesto»: Salmos 16.8 (lbla).

140: «Llevamos cautivo»: 2 Corintios 10.5.

143: «Así que de ahora en adelante»: 2 Corintios 5.16.

CAPÍTULO 11: El alma necesita reposo

145: «Vengan a mí»: Mateo 11.28–30 (rvc), énfasis mío.

145: Frank Lake: Trevor Hudson y Jerry Haas, *Cycle of Grace* (Nashville: Upper Room, 2012).

146: Ciclo de la Gracia: Ibíd.

146: «Tú eres mi Hijo»: Marcos 1.11.

147: «Éste es mi Hijo amado»: Mateo 17.5.

149: «Vino el Hijo del hombre»: Mateo 11.19, traducción mía.

149: Lettie Cowman, *Springs in the Valley* (Grand Rapids: Zondervan, 1939), p. 41.

150: Roy Baumeister y John Tirney, *Willpower* (Nueva York: Penguin Books, 2011), pp. 24ss.

151: *indicadores de la fatiga del alma*: El trasfondo de esta lista procede de Ibíd., p. 245.

152: *«La paz les dejo»*: Juan 14.27.

153: *«Éste es mi Hijo amado»*: Mateo 3.17.

153: *«Si eres»*: Mateo 4.3, 6, traducción mía.

155: *«Vengan conmigo»*: Marcos 6.31.

156: *«En lugares de verdes pastos»*: Salmos 23.2–3 (lbla).

159: *«Y acabó Dios»*: Génesis 2.2 (rvg).

159: *«Acuérdate del día de reposo»*: Éxodo 20.8–10 (rvr60).

159: Abraham Heschel, *The Sabbath* (Nueva York: Farrar, Straus and Giroux, 2005), p. 13 [*El Shabat* (Buenos Aires: Ediciones Seminario Rabínico Latinoamericano, 1984)].

CAPÍTULO 12: El alma necesita libertad

163: *«Dios bendice»*: Salmos 1.2 (ntv).

165: Philip Yancey, *What's So Amazing about Grace?* (Grand Rapids, MI: Zondervan, 1997), p. 193.

166: *Ginebra de Juan Calvino*: Ibíd., p. 234.

166: *«Yo soy el SEÑOR»*: Éxodo 20.2.

166: *«Yo te saqué»*: Ibíd.

170: *«Por toda la eternidad»*: Salmos 119.44.

170: *«Y andaré»*: Salmos 119.45 (rvr60).

170: *«quien se fija»*: Santiago 1.25.

170: *la cura del alma*: Gregorio Nacianceno, *Oration* 2.16–17 en Phillip Schaff, *Nicene and Post-Nicene Fathers*, Segunda Serie (7).

171: Philip Rieff, *Triumph of the Therapeutic: Uses of Faith after Freud* (Chicago: University of Chicago Press, 1987), pp. 25ss.

172: Grupo de investigación Barna: https://www.barna.org/barna-update/culture/600-new-years-resolutions-temptations-and-americas-favorite-sins.

173: *«Porque lo que hago»*: Romanos 7.15, 19 (rvr60).

173: *Estudio Duke University*: Charles Duhigg, *The Power of Habit* (Nueva York, NY: Random House, 2012), pp. xv–xvi [*El poder de los hábitos* (Barcelona: Uranol, 2012)].

CAPÍTULO 13: El alma necesita bendición

177: Richard Selzer, *Mortal Lessons: Notes on the Art of Surgery* (San Diego: Harcourt Brace, 1996), pp. 16, 46 [*Lecciones mortales: notas sobre el arte de la cirugía* (Barcelona: Editorial Andrés Bello Española, 2000)].

179: *«Comeré»*: Génesis 27.25, traducción mía.

179: *«se expresa con fuerza»*: Waaijman, «Soul as Spiritual Core Concept», p. 16.

179: *«Bendíceme»*: Génesis 27.38, traducción mía.

180: *«El SEÑOR te bendiga»*: Números 6.24–26 (lbla).

183: «*No oprimirás*»: Éxodo 23.9, traducción mía.

183: «*El alma de Jonatán*»: 1 Samuel 18.1–4, traducción mía.

184: *los antiguos cristianos celtas:* Kenneth Leech, *Soul Friend* (Nueva York, NY: Harper & Row, 1977), p. iii.

184: «*tú a quien ama mi alma*»: Cantares 1.7 (rvr60).

185: *neuronas de espejo:* G. Rissolatti, «The Mirror Neuron System», *Annual Review of Neuroscience* 27 (2004): 169–96.

185: *Papel de la CCA en respuesta al sufrimiento:* Este resumen investigativo proviene de un investigador que desea permanecer anónimo.

186: «*Ama a tu prójimo*»: Mateo 19.19.

CAPÍTULO 14: El alma necesita satisfacción

187: «*¿Por qué ella me miró...?*»: Michael Singer: *Untethered Soul* (Oakland, CA: New Harbinger, 2007).

189: *Siquem y Dina:* Génesis 34.

189: «*Su nefesh, su alma...*»: Génesis 34.3, traducción mía.

189: «*Ves, el enemigo es arrogante*»: Habacuc 2.4–5a, traducción mía.

190: «*y como la muerte*»: Habacuc 2.5b (ntv).

190: «*No hay nada mejor*»: Eclesiastés 3.22, traducción mía.

190: «*Debido a que tu amor es mejor*»: Salmos 63.3, 5, traducción mía.

190: «*Alma mía, en Dios solamente reposa*»: Salmos 62.5 (rva).

191: «*Porque el que quiera salvar*»: Lucas 9.24, traducción mía.

191: «*Señor, mi corazón no es soberbio*»: Salmos 131.1–2 (lbla).

191: *Estrés en monos e investigación del cerebro:* Para más información en cuanto a esta investigación, consulta las revistas *Developmental Neuroscience* 31.4 (2009); *Proceedings of the National Academy of Science of the United States of America* 103.8 (2006) y 107.33 (2010); y *Psychoneuroendocrinology* 32.7 (2007).

193: Kent Dunnington, *Addiction and Virtue*, p. 141.

194: «*¡Vengan a las aguas...!*»: Isaías 55.1–2.

CAPÍTULO 15: El alma necesita gratitud

195: «*Háganlo todo sin murmuraciones*»: Filipenses 2.14 (rvc).

196: «*Y sean agradecidos*»: Colosenses 3.15b–17, traducción mía.

196: «*Den gracias a Dios*»: 1 Tesalonicenses 5.18.

196: «*¿Por qué te abates, oh alma mía...?*»: Salmos 42.5 (rvr60).

167: «*Alaba, alma mía, al SEÑOR*»: Salmos 103.2–5.

197: «*Mis queridos hermanos, no se engañen*»: Santiago 1.16–17.

199: «*A pesar de haber conocido a Dios*»: Romanos 1.21.

200: «*No olvides*»: Salmos 103.2.

203: «*Podemos decir*»: Thornton Wilder, *Our Town*, 1938.

CAPÍTULO 16: La noche oscura del alma

210: «*Pero vendrá un tiempo*»: San Juan de la Cruz, *The Dark Night of the Soul*, en *Devotional Classics*, ed. Richard Foster y J. B. Smith (San Francisco: HarperOne, 1993), p. 33.

211: «*El amor de Dios no se contenta*»: Ibíd., p. 37.

212: *Su problema es que les falta la paciencia*: Ibíd., pp. 35–36.

212: «*Rómpeles, oh Dios, los dientes*»: Salmos 58.6–8.

214: Adaptación basada en Federico Faber, *Progreso del alma en la vida espiritual*, tr. D. Gabino Tejado (Madrid: Librería de Leocadio López, editor, 1882), pp. 120–121, Google, acceso el 28 de febrero de 2014.

218: «*El que confía en mí*»: paráfrasis de Mateo16.28; Marcos 9.1; Lucas 9.27.

CAPÍTULO 17: Mañana

221: «*redimiendo el tiempo*»: Efesios 5.16 (rva).

RECONOCIMIENTOS

226: «*No tengan deudas pendientes con nadie*»: Romanos 13.8.

Nos agradaría recibir noticias suyas.
Por favor, envíe sus comentarios sobre este libro
a la dirección que aparece a continuación.
Muchas gracias.

Vida@zondervan.com
www.editorialvida.com

Printed in the USA
CPSIA information can be obtained
at www.ICGtesting.com
LVHW030715050824
787165LV00013B/187

9 780829 766547